4660 pts.

Suso de Toro

La flecha amarilla

Xurxo Lobato

el camino hacia Santiago

Suso de Toro

La flecha amarilla

Xurxo Lobato   el camino hacia Santiago

EL PAÍS
AGUILAR

© del texto, Suso de Toro
© de las fotografías, Xurxo Lobato
© de esta edición, 1999 Ediciones El País, S.A./
   Grupo Santillana de Ediciones, S.A.
   Torrelaguna, 60. 28043 Madrid
   Tel.: 91 744 90 60. Fax 91 744 90 93

Diseño: Pep Carrió y Sonia Sánchez

ISBN: 84-03-59568-9
Depósito Legal: M-38.254-1998
Printed in Spain / Impreso en España por
   Ibérica Graphic (Fuenlabrada, Madrid)

Todos los derechos reservados. Esta publicación no puede ser reproducida, ni en todo ni en parte, ni registrada en o transmitida por, un sistema de recuperación de información, en ninguna forma ni por ningún medio, sea mecánico, fotoquímico, electrónico, magnético, electroóptico, por fotocopia, o cualquier otro, sin el permiso previo por escrito de la editorial.

A Lila, que nació en un lugar del Camino de Santiago, y a Rosario, que me acompañó a lo largo de él muchos años después.
Xurxo Lobato

A mis padres y hermanos, en recuerdo de todas aquellas conchas de vieira y recuerdos de Santiago del Año Santo del 73.
Suso de Toro

A todas las personas que hemos encontrado en el Camino.
Los Autores

Sumario

Los viajeros 11
El camino del sol 17
Subiendo los montes y siguiendo
   al sol 21
El silencio de Roncesvalles,
   el ruido del repartidor 22
Enganchados al Camino 25
Camino de peregrinación, ruta
   turística 26
Metacrilato contra románico 27
La concha de vieira 28
La rúa y la calle 30
Visita guiada 30
Sellos del Camino 31
Turismo en el templo 32
El mendigo brasileño y sus arcanos . 34
Monasterio virtual 35
Aparece Santiago 38
Interior nocturno de albergue 43
El peregrino famoso 43
El sueño de la inocencia bajo un
   árbol 44
El templario vigila oculto 46
Sinceridad arquitectónica 48
Turismo de calidad 50
Tribus distintas 53
La hermandad de la flecha amarilla .. 53
El vino peregrino 53
La mujer de la llave 54
El Camino de la Oca 58
Santiago bifronte y suplantador 58
Derrota en Clavijo 59
Fraternidad y espiritualidad jacobea
   de hoy 64
El espíritu franciscano 65
Atuendos reglamentarios 66
Religiosidades 'prêt à porter' 68

Romero y peregrino 69
El ángel del Camino 69
La política y el turismo 69
Dolor por dolor 70
La Iglesia católica en el Camino 70
Fe, penitencia, encuentro
   y esperanza 71
El almuerzo en la hierba 72
Monasterio solitario 72
El espía, el gallo y la gallina 74
Templo tumultuoso 75
Empieza Castilla en Redecilla 77
El irretratable hombre de la llave ... 77
Camino mundial 78
Reabriendo viejos caminos 79
San Juan es bello 82
Magia de cantero 82
La sopa del peregrino 85
Los albergues 86
Al lado, el mundo 86
El peregrino oficial 86
Peregrino prehistórico 90
La catedral 90
Las grandes iglesias del pequeño
   pueblo 93
¿La pose del pastor? 93
Italia, de nuevo en el Camino 94
Maravillas del románico 96
Ampollas en el Camino de Santiago .. 97
Competición de peregrinos 98
El peregrino, salvaje moderno 99
Travesía y purgatorio 101
El templario airado 102
Sobre el Xacobeo 103
Alfonso X contra el Apóstol 104
Los buenos templarios 105
Lechazos en el Camino 106

Excesiva sinceridad arquitectónica . 106	Desvío y sueño del roble 149
Obras del Camino 109	El monje amargo y el monje dulce . . 150
Deportistas del Camino 110	Corazón salvaje 155
León, flechas y conchas 112	Aparición de Pelegrín 156
Una frágil isla en la ciudad 113	El demonio travieso 157
Música de ángeles encadenados . . . 114	Noche de fiesta 158
El hospital es un hostal 116	Gradación hacia la religión 158
Catolicismo moderno 116	Un pueblo entre la vida y la muerte . 159
Hazaña caballeresca 118	Encuentros y reencuentros 159
Una de romanos 119	El peregrino viaja embozado
Samba imperial 121	y refugiado 161
Orgía romana 121	La peregrina intelectual 163
De Melbourne a Vigo 122	En medio del mundo 164
Tierras de transición 122	El sexo se hace débil 164
El Peregrino de los cuños 123	El peregrino está solo 165
La cruz truncada 124	El sueño, la cara terrible 165
Ofrendas y palabras para el viento . . 126	Perdidos en un hueco del Camino . 166
El silencio, la melancolía 126	La atracción de la fotografía.
El albergue menesteroso 127	El fotógrafo desenmascarado . . . 167
El llano de El Bierzo al pie de	La reconstrucción como amenaza . 168
la montaña 129	La multitud 170
La otra Puerta Santa 129	Los pies rotos 171
A subir O Cebreiro 132	Las ofensas 172
Albergue traicionado 133	'Pulpo á feira' 174
El Camino a través de Galicia 134	¿Decepción justificada? 177
Peregrinar en romería 134	Vísperas 179
El ideal y la burocracia 135	Entrada extraña 182
La llegada a O Cebreiro 138	Monte de la decepción 185
La gruta románica 138	Entrada descorazonadora 189
La demanda del grial 139	Acogida de la ciudad 190
El peregrino de bronce 142	Morir y renacer 190
Máquinas del Camino 142	El poder de la muerte 191
La comunidad y el extraño 143	El peregrino se presenta 191
Un cómodo regreso 143	Los pasos del sonámbulo 192
Los tres sellos de Triacastela 146	Bendición 193
Ejercicios de inglés, mestizaje,	El del sepulcro 197
argentinos, italianos 148	**Índice 207**

Los viajeros

Los viajeros

El fotógrafo y el escritor se conocen desde hace años y ya han hecho antes un libro juntos. El fotógrafo, aunque se presenta como hombre pragmático y escéptico, es un entusiasta del Camino de Santiago, ha hecho varios libros de fotos y reportajes sobre el Camino y ahora me propone que hagamos un libro más personal a medias.

Siendo el escritor santiagués la idea de hacer el Camino me resulta paradójica, tendría que viajar lejos en sentido contrario para luego poder llegar a mi ciudad, a mi casa. Pocas cosas parecen más absurdas.

Desde niño estoy acostumbrado a ver a personas de lugares distantes e idiomas distintos vagando por mi ciudad después de haber andado cientos de kilómetros como almas sonámbulas con un brillo de inocencia, de asombro y de confusión. Esa familiaridad con personas tan extraordinarias actúa para los santiagueses como una vacuna, nos cuesta creer en eso y casi en cualquier cosa. El santiagués es escéptico e irónico, que es un modo de ponerse a salvo de esa inocencia que nos viene a visitar. La inocencia es perturbadora.

Pero es que además de lo absurdo del viaje y de un cierto escepticismo defensivo natural, qué me va a dar Santiago que no me haya dado ya en mis años de vida al pie de ese sepulcro. Y además, ¿cómo voy a poder descubrir y asombrarme de lo que ya conozco casi hasta el hastío? Me gustaría ser de otro lugar para así poder conocer Compostela, tener los ojos vírgenes para, quizá, asombrarme o maravillarme; quién sabe. Para mí eso está vedado, mi destino más bien parece ser no poder llegar nunca a Santiago.

Sin embargo la idea me tienta, en realidad llevo años dándole vueltas a esa idea e interrogándome por este peregrinaje hacia aquí. De hecho calculo que algún día cederé y haré ese viaje paradójico, sólo que ese viaje personal no lo contaré en ningún libro.

También yo quisiera saber qué es lo que hay enterrado aquí que llama a gentes de tan lejos y quisiera poder andar un camino que tenga un norte y un final. Porque eso es el Camino de Santiago, no es un conducto de doble dirección que comunique dos puntos, sino una peregrinación, una vía de esfuerzo y pruebas en una única

El Camino tiene mucho de literatura y de folclore propio

dirección, como una flecha solar, y que tiene un final, la tumba del apóstol Santiago el Mayor, en Compostela.

Y eso, un Camino que es un destino, es una rareza en este mundo de goma, de escepticismo y relativismo donde no hay un horizonte al que caminar; además, viviendo en un mundo donde se nos ofrece una vida de confort sin penalidades ni esfuerzos, es de raros y extravagantes echarse a un Camino de padecimientos.

Me tienta decididamente la extravagancia y al final, fotógrafo y escritor nos dirigimos a Francia para empezar por las dos entradas y contar lo que vemos, lo que conocemos, lo que creemos que sienten las personas a nuestro alrededor y lo que sentimos con nuestros instrumentos: dos cámaras de fotos, un trípode y sesenta rollos de película; una estilográfica Waterman y un dietario Miquelrius de cuartilla vertical en blanco con pasta de cartón.

Sabemos que el resultado tiene por fuerza que ser un libro contradictorio y tenso, lo hacemos dos personas que somos a todos los efectos de este fin de siglo que hereda todos los resabios de futuros que no han sido y de utopías fracasadas; el pasado inmediato nos ha hecho desconfiados y del presente parece excluida la esperanza, parece sólo apto para la resignación. Sin embargo también es muy de este fin de siglo el aumento del caudal en ese riachuelo humano que camina hacia el oeste, siguiendo la vía del sol, hacia la tierra del ocaso, el país de Santiago de Galicia, Jacobusland...

Hoy no hay una indumentaria, excepto las botas de andar y el cayado

Tenemos que escribir sobre un Camino que es antes que nada medieval y religioso, del cristianismo de antes de la ruptura protestante, para una mayoría de lectores que son semejantes a nosotros, contemporáneos, laicos y descreídos. No es fácil.

Las piernas y los pies delicados de la gente urbana se hacen increíblemente fuertes

Para recorrer el Camino llevamos un automóvil para cargar los trastos e ir de aquí para allá y de delante a atrás y a los lados, y unos pies calzados con sandalias y chirucas para ponerse de cuando en cuando a la par de quien anda. Ése es nuestro equipaje: cámaras, libreta y la mirada inquisidora de la gente de nuestro tiempo.

El camino del sol

El camino del sol

Salimos de Galicia en estos días finales de agosto con el humo de los incendios forestales agobiándonos y aún envueltos en las ansias diarias. De cuando en cuando suena el teléfono móvil del fotógrafo, él da instrucciones, recados, hace otras llamadas a su vez. El largo brazo de nuestras vidas no nos suelta.

Al comenzar el viaje empiezo a formularme preguntas con la intención de encontrar en el viaje las respuestas, entiendo el Camino en términos racionales como el desarrollo de una ecuación, una serie de operaciones codificadas para despejar las incógnitas. Entiendo que un camino es un progreso, una ecuación que despejará mis incógnitas.

Avanzamos en coche hacia el este, el sol de la mañana nos da de frente, él se dirige hacia el oeste a morir en el mar, nosotros vamos a Saint Jean Pied de Port y Roncesvalles y luego a Somport, las dos puertas que atraviesan las montañas para entrar a la Península. Por el Camino (siempre tropezaremos con esta palabra obsesiva, simbólica y descriptiva, camino) nos cruzamos peregrinos, la concha de vieira al cuello, la mochila, el cayado o bordón, y esa cara de esfuerzo y reconcentración, como peleando contra algo, quizá el propio Camino, o contra alguien, quizá contra ellos mismos.

El hecho de saber que no estamos haciendo un viaje común para desplazarnos de una localidad a otra sino que estamos ya atravesando en sentido contrario esta vía cargada de Historia, de historias, que han recorrido penosamente durante siglos cientos de miles de personas silenciosas y anónimas, me hace pensar en que el Camino de Santiago es antes que nada un lugar, lo contrario a un no-lugar.

Los no-lugares son espacios como aeropuertos, grandes almacenes, autopistas, hoteles de paso, aviones, sitios sustraídos a las coordenadas espacio y tiempo que no pertenecen a ninguna parte, son todos homogéneos e intercambiables, desprovistos de un modo de ser local o propio y de una memoria acumulada, y desprovistos de humanización, el aura que le van otorgando las personas que por allí han pasado. Los no-lugares siendo uno de los frutos más característicos de nuestra civilización son, sin embargo, espacios deshumanizados y salvajes que nos quitan algo de humanidad al atravesarlos. A cambio nos dan un poco de la nada de que están hechos esos limbos

La ruta de la flecha amarilla recorre los lugares más antiguos

El alto de Ibañeta, el silencio de la montaña

para nosotros los contemporáneos, almas autistas; nos dan un poco de su vacío, que se aloja imperceptiblemente en nuestro interior. Los no-lugares crecen y ocupan cada vez más espacio en nuestras vidas.

El Camino de Santiago, al contrario, es un lugar y no quita, da. Nos da, como mínimo, algo del aura acumulada por el sufrimiento de esas personas que nos cruzamos. A diferencia de esos limbos homogeneizados y asépticos, el Camino tiene mil formas y está sucio de sudores y tierra. A diferencia de esos tránsitos frenéticos hacia cualquier sitio y hacia ningún lado, el Camino tiene un norte fijado a fuego de estrellas en la noche y del sol por el día, y su ruta está llena de significados y, para los peregrinos, de sentido. El Camino a Compostela es lo menos moderno y una verdadera piedra en el zapato de nuestro mundo. Pienso en eso cuando nos cruzamos con un conocido de mi ciudad, camina sin ver los autos, parece ver hacia dentro, y decidimos no parar y seguir de largo. Me sorprende y me alegra ver a un convecino haciendo esa ruta paradójica de avanzar retrocediendo hacia el origen.

En un momento del viaje el fotógrafo y el escritor discutimos sobre un punto. El fotógrafo siente que a pesar de viajar en automóvil cargado de trastos está haciendo el Camino igualmente, se siente un peregrino, el escritor en cambio entiende que sólo peregrina quien se somete a esa disciplina de esfuerzo y sufrimiento, quiere además

Amanece en el albergue de Roncesvalles. Hoy comienza para muchos el desafío

mantenerse a distancia prudente, le tiene respeto, algo de miedo al Camino. Esa discusión nos acompañará varias veces.

Pero ambos sentimos que nos estamos adentrando en un lugar y que de algún modo ese lugar nos envuelve y nos acoge.

Subiendo los montes y siguiendo al sol

Aunque hay peregrinos que empiezan en Le Puy, la mayoría lo hacen en Saint Jean Pied de Port, que es un pueblo vasco francés de frontera pero claramente francés, es decir, convencional y bonito, o convencionalmente bonito. Uno que viene de un país de pueblos y villas maltratadas por la desidia municipal, los pocos recursos de la mayoría y la especulación de unos pocos, siempre se sorprende al ver estos pueblos franceses tan bien cuidados y un poco tópicos, y oscila entre la envidia y una cierta sensación de verse sumergido en una irrealidad de postal. En todo caso es un pueblo lindo atravesado por un río cuidado, lleno de visitantes que vienen o van al otro lado, peregrinos que se echan a andar tempranísimo y excursionistas en autocares.

Desde allí los peregrinos suben la montaña, bien por una carretera estrecha los que van en bicicleta y algunos que van andando o bien por un camino de montaña, impresionante hasta el miedo en ocasiones, que es conocido como la ruta de Napoleón. Empezar el viaje subiendo por allí esta montaña es un desafío para muchas personas que no se han preparado físicamente, como esa muchacha brasileña calzada con zapatos inadecuados que a mitad de camino está derrotada y a quien hay que ayudar a llegar arriba. La frondosidad del bosque de hayas y abetos es a veces sobrecogedora y uno se siente ilusoriamente peregrino medieval a quien cualquier peligro acecha, uno se ha perdido y se empieza a desesperar cuando un pastor le indica la ruta. El pastor es el ángel bueno del bosque. Los cencerros de las vacas llegan de entre los abetos, las nubes también ascienden el monte rasgándose el vientre en las puntas de los árboles.

Estamos en lo alto del monte, el puerto vasco de Ibañeta. Una capilla moderna, a su alrededor, ciclistas, automóviles y gente haciéndose fotos delante de una piedra hita a modo de menhir que conmemora la imaginaria gesta de Roldán y Carlomagno. En esta piedra comienza una guerra de identidades que veremos prolongarse a lo largo del tramo navarro del Camino, unas armas de bronce que colgaban originariamente fueron arrancadas y la inscripción oficial está tachada y sobre ella hay una reivindicación en euskera reclamando otra versión de la Geografía y de la Historia, a su lado otra en castellano, "Viva España". Delante de nosotros los valles navarros.

El silencio de Roncesvalles, el ruido del repartidor

El valle de Roncesvalles es, como toda esta parte del Camino, muy hermoso; prados y manchas de abetos, pueblos muy bien cuidados y conservados. El hospital de peregrinos de la colegiata de Roncesvalles está en estos momentos en obras preparándose para el próximo Año Santo Compostelano, que se anuncia con cierto estilo de Expo: Xacobeo 99. Un repartidor aparca su furgoneta frente a una posada, abre la puerta y salen los guitarrazos y golpes de Metallica a buen volumen, y es entonces cuando se repara en el silencio densísimo. El joven descarga una caja de whisky, otra de pacharán y un bulto de latas de cerveza; se ve que en esta paz y este silencio alguien bebe. Merodean algunos turistas con sus cámaras alrededor de sus automóviles, se hacen fotos delante de la impresionante colegiata. Es muy raro ver a un peregrino con cámara de fotos, es un peso añadido en la mochila que puede desesperar. Por otro lado es inútil, nada de lo vivido en el Camino por el peregrino puede ser recogido en una foto, ya que es todo una vivencia interna; del mismo modo que tampoco puede ser vertido a palabras. El fotógrafo y el escritor estamos condenados únicamente a ser merodeadores de la peregrinación en nuestro intento de aprehenderla.

El clero escéptico

La ingenuidad y la inocencia necesaria para portar la concha hasta Compostela

Querido diario...

La ruta senderista y la vía de peregrinación

Portal del albergue de Roncesvalles

Exvotos de hierba y palo

Piedad y arte ingenuo de peregrinos

Es en Roncesvalles donde la mayor parte de los peregrinos empiezan su peregrinaje y el albergue de peregrinos es un buen comienzo.

El hospitalero que nos recibe barre con su escoba de hilos de nailon verde el viejo suelo de tabla, los peregrinos ya han oído la misa con la bendición al peregrino a las ocho de la mañana, y han iniciado su camino. Vestido con su pantalón corto, sandalias, camiseta con la leyenda "*New York*" y una vieira colgada del cuello, él y su mujer recogerán y limpiarán las habitaciones; hoy han dormido setenta peregrinos. Son un matrimonio jubilado y pertenecen a la Asociación de Amigos del Camino de Guipúzcoa, que es la que se ocupa de este albergue, y su trabajo es voluntario, por amor al Camino y la peregrinación; ellos mismos han peregrinado a Compostela hace un par de años. Les ayuda una mujer holandesa que estaba de vacaciones en Donosti y oyó hablar del Camino. Llevan diez días y van notando cansancio, los relevarán a los quince días.

El albergue en ese edificio de anchos muros fríos tiene un carácter muy austero y medieval, una leve envoltura de mínimas comodidades, lecho, unas pocas duchas y lavabos, un techo contra la noche, la lluvia y el frío. El carácter de estos albergues que acogen al peregrino hasta Galicia, donde cambian bastante, es muy significativo de la naturaleza de esta peregrinación. La austeridad es el marco de este viaje, lo más opuesto al confort.

Enganchados al Camino

El hospitalero en un castellano parco de euskaldún nos relata alegre el progreso de la peregrinación, el año pasado han salido de allí once mil personas en todo el año, y este año a finales de agosto ya van casi doce mil. La mayoría de los españoles son, por este orden, de Madrid, País Vasco y Cataluña. Su impresión es que la gente que lo hace es muy buena, aunque hay de todo, pero cree que el hacer el Camino cambia a la gente y que al llegar allá son diferentes. Cree en el poder transformador de la peregrinación. Y entonces me dice algo que luego me repetirán muchas personas distintas, "el Camino es una droga fuerte, pero la mejor de todas. El Camino te engancha". "El Camino te engancha", asegura.

Me inquieta ese abismo de irracionalidad, esa pérdida de dominio sobre uno mismo que es engancharse, ser esclavo de algo. Le pregunto si en el medio van personas desequilibradas y me cuenta de una pobre mujer alemana que viajando en un carro pasó por allí dos días antes, gritaba y molestaba a los demás peregrinos,. Tuvieron que dejarla encerrada en un cuarto mientras conducían al ambulatorio en un pueblo cercano a otro peregrino lastimado que se había caído. Al fin la mujer, sin saber bien en que dirección quedaba su país, se marchó. Pero no, no es frecuente la presencia de personas con trastornos.

Junto a la austeridad es muy característica la figura del hospitalero, personas voluntarias que forman parte de las Asociaciones de Amigos del Camino y que dedican gratuitamente parte de sus vacaciones o tiempo a acoger a los peregrinos. Los hospitaleros y hospitaleras son una buena encarnación del ideal del peregrino.

Al salir del albergue vemos a dos jóvenes catalanas que se han rezagado bastante, ya son casi las diez de la mañana, el sol empezará a picar en un par de horas. Están tan desorientadas que empiezan a andar en dirección contraria, les indicamos la dirección. Es frecuente que inicien el Camino personas que no se han preparado físicamente y que no se han informado adecuadamente. Y, curiosamente, bastantes personas que no saben por qué quieren hacerlo.

Camino de peregrinación, ruta turística

En la oficina del peregrino de Roncesvalles la mayoría de los peregrinos sellan por primera vez las credenciales para acreditar en Santiago que se ha hecho el Camino y poder recibir así la Compostela. La persona que la atiende, ángel custodio de ese viaje, se muestra escéptica sobre el fenómeno del Camino; es un ángel escéptico. Distingue entre el Camino de Santiago, que considera turismo puro y duro, y la peregrinación. Me sorprende ese pesimismo, pero, quién sabe, quizá tenga su razón.

En la entrada de la oficina descansan un empresario brasileño y su amiga, que trabaja en un banco; el hombre tiene hijos ya crecidos de un matrimonio con otra mujer, quiere que el Camino le dé algo; no sabe el qué, está buscando. Ayer han subido desde Saint Jean y están cansados, hoy quieren ir despacio.

Dos curas que desde hace quince años van allí a pasar una temporada de vacaciones aseguran que el Camino transforma a las personas que lo andan. Les pregunto si ellos lo han hecho y me responden con risas y negativas con las manos, ellos ya son mayores. Uno de ellos se refiere con admiración a un cura holandés que celebró sus cincuenta años de sacerdocio peregrinando, pero ellos ya no. Es tan evidente el contraste entre ellos, conformes y sedentarios, y ese sacerdote holandés con su derroche de energía rabiosa y de fe, que en ese momento me dan un poco de pena en su apacibilidad algo untuosa. Pero quién es uno para juzgar y para conocer las vidas de nadie, fatuo escritor entrometido. Antes de despedirnos me informan de un libro, no saben el título, en el que, dicen, un periodista le saca la piel a la peregrinación; esperan que el mío no sea igual. No puedo saber todavía lo que encontraré ni lo que escribiré, uno va abierto a todo.

Metacrilato contra románico

En la Itzandeguia, un edificio románico del siglo XII que fue antiguo hospital de peregrinos, cuelgan unas banderolas de moderno diseño, y eso me hace pensar en que seguro que ya no es hospital o algo de tipo práctico y que está dedicado a exposiciones o algo semejante, o sea, al turismo. No sé por qué motivo el diseño y la elegancia nunca están en los lugares necesarios a las personas, son característicos del lujo o de lo inútil. Y no debiera ser así.

Entro y el lugar me parece penoso, un severo interior románico transformado en tienda de baratijas con música ligera orquestal de ambiente. Una cancilla tipo supermercado da a otra parte de la nave donde por doscientas pesetas podremos ver unos paneles de metacrilato iluminados con fotos y planos del lugar, también se proyecta un audiovisual, o sea, un vídeo, de cuando en cuando. Plásticos, paneles de aglomerado, luces halógenas, vulgaridad esterilizada de aeropuerto que contrasta con el albergue de peregrinos que acabamos de dejar.

Entre las guías y libros, ejemplares de los del escritor brasileño Paulo Coelho que ofrecen su mística infantil; a lo largo del Camino nos encontraremos repetidamente con su nombre. El mensaje blando de Coelho a la busca de almas desconcertadas ha sido atendido por personas jóvenes de muchos países, especialmente de Brasil, no es raro el peregrino que lleva el libro o lo cita.

Brasil, esa fe ingenua y posiblemente más poderosa que lleva a algunos a empeñarse para pagar un viaje que les llega a costar hasta medio millón de pesetas. Brasil está muy presente en el Camino desde hace un par de años, además porque un canal de televisión, *O Globo*, emitió un extenso reportaje realizado por dos reporteros que recorrieron toda la ruta. Es paradójica esa alianza entre las tecnologías modernas y una senda medieval, medios de comunicación que permiten desplazarse y comunicarse a distancia sin esfuerzo haciendo propaganda de una vía de lento padecimiento.

Desde Roncesvalles baja un camino paralelo a la carretera, en su comineza un panel da consejos y orientaciones al caminante. Se le presenta la vía como un camino con doble carácter, el religioso-espiritual y el deportivo, con doble señalización: dos rayas horizontales superpuestas, blanca y roja, que indican la ruta senderista de Gran Recorrido y la flecha amarilla que guiará humilde y tenazmente al peregrino hasta el sepulcro de Compostela. Ese doble carácter es real, a lo largo de toda la ruta vemos coexistir esos dos aspectos, quien hace deporte, desafíos físicos, y quien hace una vía externa e interna de busca espiritual y religiosa. Es lógico que de cuando en cuando veamos coexistiendo esa doble señalización.

La concha de vieira

El fotógrafo ha comprado dos conchas de vieira con la cruz de Santiago pintada y me regala una, eso me turba y río incómodo; no sé que hacer con ella, no me atrevo a colgarla. Hace falta inocencia para colgarse al cuello el emblema de la peregrinación, verdadera contraseña íntima entre peregrinos; falta inocencia y el escéptico se siente ridículo. No me atrevo a ponérmela; aún no, quizá más adelante metidos en harina, me digo.

En la base de la cruz de piedra de peregrinos del siglo XIV al borde de la carretera descansan numerosas cruces hechas con palos anudados con hierba que han dejado peregrinos al pasar. Devoción pura o quizá una manifestación de ese afán de ritos de la gente de hoy, vidas faltas de misterio y ritualidad que se apresuran a echar monedas en masa a cualquier fuente y pedir deseos. Aunque es un rito que ha vivido en otros lugares del Camino del Pirineo, hace unos años no había ninguna cruz de palo; hoy hay decenas. Sea lo que sea es un rito humilde que despierta nuestro respeto.

También hay una rama, figura estilizada de un crucificado, clavada en el tronco de un árbol, alguien ha querido expresar artísticamente su piedad. Es muy frecuente encontrar expresiones artísticas de peregrinos anónimos, almas sensibles.

En el bar del hotel de Burguete/Auritzberri entra un peregrino francés a tomar un café, le hace falta la cafeína, el agua y el azúcar, viene caminando desde su pueblo, en la frontera con Suiza, en cumplimiento de una promesa. Sufrió graves heridas en las piernas en la guerra de Argel y quedó paralítico, las cicatrices están aún en sus piernas vestidas con pantalón corto, se ofreció a Dios y volvió a andar; paga su deuda y agradece caminando a Santiago cada varios años. Sonríe.

La dueña del hotel se queja de que los peregrinos no dejan ni un duro; no tiene razón, han restaurado ese hotel que hace pocos años era casa de huéspedes gracias al revivir de la peregrinación. Alrededor de quien camina y duerme en los albergues se está creando a lo largo de la ruta una industria hostelera que atiende a los turistas que viajan en

Claustro de la catedral de Pamplona

Atraviesan los Pirineos y entran por la puerta de Francia en Pamplona

Catedral de Pamplona

coches armados de cámaras de vídeo. Habría que estudiar científicamente el motivo por el que la mayoría de los hosteleros siempre se quejan, sobre todo cuando les va bien.

El pueblo, que en el invierno está cubierto de nieve, es muy bonito y cuidado con aspecto inequívocamente vasco, una representación infantil de la inocencia, y vive hoy del turismo y de la ganadería. Un poco más abajo vemos anuncios del gobierno navarro de mejora de pastizales, invierten en producir más leche; donde yo vengo te pagan para que vendas las vacas y se gastan el dinero público en paseos marítimos y puertos deportivos, me pega que lo hacen mejor aquí.

La flecha amarilla nos guía para entrar en Pamplona por el puente de la Magdalena, con un *cruceiro* gallego allí plantado, regalo de la ciudad de Santiago en 1963; el crucero conserva la piedra nueva, sin el trabajo de los años, y eso delata su falsedad, su carácter turístico y tipismo franquista fuera de cualquier sacralidad. Sin embargo mejor ese kitsch que deformidades contemporáneas amparadas en lo lúdico y los dibujos animados, como el impresionante Pelegrín.

La rúa y la calle

Cruzamos el Portal de Francia, y la antigua rúa de los peregrinos. La rúa y la calle es una constante en todas las localidades del Camino. Todas esas ciudades y pueblos tienen esa vía que las atraviesa de este a oeste y que son un tramo del Camino en el que se ha edificado a los lados, la calle fundacional alrededor de la que se han ido creando otras hasta componer un burgo, una ciudad. Pamplona tiene aire apacible y provinciano toda ella, unas mozas fuman un canuto y se ríen entre ellas, hablan de colores, mechas y trenzas, una riéndose se toca sinuosamente el cuerpo, ombligo al aire, una monja que pasa la mira. Monjas paseando, sentadas en un banco a la sombra, monjas ubicuas. Al lado de este ambiente de letargo debe haber otras realidades, sólo entrar en la ciudad por el Portal de Francia vemos fotos de personas muertas con leyendas en euskera y una *Herriko Taberna*.

Visita guiada

En la catedral, una visita guiada. La gente parece en general abrumada por tantas cosas que desconoce, hace como que atiende a la guía que les habla del "gótico flamígero", "la perspectiva renacentista", "el gótico tardío", "el característico arco de medio punto; ya saben que en el gótico se van apuntando", y otros acertijos chinos.

Algunos observan con desconfianza y un cierto rencor cómo tomo notas, deben pensar que entiendo de esas cosas y que seré el único de la visita guiada que apruebe cuando nos examinen al salir. En un tiempo en que se halaga a la gente diciéndole que puede saber sin esforzarse, basta ver la tele, las visitas guiadas a lugares artísticos deben de ser el único ejercicio de autohumillación que queda, como una pequeña penitencia para televidentes. Eso sí, a los guías se les va un poquito la mano en el castigo.

A la salida del templo un grupo de cinco joviales italianos, de Verona ("¡Verona! ¡Los amantes, el Veronés!", les gritamos repentinamente poseídos de jovialidad italiana), son hombres maduros y van vestidos de ciclistas, como debe ser. Les informamos del estado de los caminos para las bicis, están preocupados también por el tráfico, han venido desde Irún, a donde han llegado en tren, y están asustados por los camiones. Uno nos pregunta con gran ingenuidad si aquí no hay límites de velocidad; no parece italiano. Contemplan orgullosos sus credenciales de peregrino con el primer sello. Dentro de unos días habrán entrado en numerosos lugares a lo largo del Camino donde sellarán las credenciales acreditando que han pasado por allí rumbo a Santiago cuños y más cuños.

Sellos del Camino

Lo de los sellos es una de las cosas más simpáticas del Camino, todo el mundo a su paso tiene el suyo, no sólo las iglesias y museos, sino también tiendas de ultramarinos, carnicerías, bares, pulperías, particulares... hasta tropezaremos con un peregrino que tiene no uno, sino ¡tres!, un sello ambulante en el que hace constar el NIF y el teléfono móvil. Nosotros no tenemos tiempo de encargar el nuestro.

El alto del Perdón es una dura prueba para el caminante, en la cima la Virgen absolvía a los peregrinos de haber pactado con el diablo que se les aparecía en la penosa subida ofreciéndoles agua. Hoy el paisaje ha cambiado de un modo que resultaría aterrador para aquella gente antigua que fue dando nombre a los lugares con lenta insistencia de siglos, los dos viajeros nos enfrentamos a una fila de gigantescos molinos de viento, parecen "treinta, o pocos más, desaforados gigantes" que nos desafían con grandes brazos amenazadores, pero "aquellos que allí se parecen no son gigantes, sino molinos de viento, y lo que en ellos parecen brazos son las aspas, que, volteadas del viento" generan electricidad, "vuesa merced".

En Puente la Reina se reúnen las dos principales entradas desde Francia, la de Roncesvalles y la que entra por el puerto de Somport.

Las figuras mudas en un tiempo donde el silencio es imposible

Nosotros detenemos aquí el avance y retrocedemos para volver a entrar en la Península siguiendo la ruta de Somport por la provincia de Huesca, es una ruta poco utilizada y que no está bien señalizada. Se han extraviado por la zona de Sangüesa tres grupos distintos que han salido anteayer; uno lo ha pasado mal al terminársele el agua, al final les ha dado de la suya un técnico que hacía mediciones para instalar antenas de radio en los montes.

El Camino hoy es un gran esfuerzo físico pero del que están excluidos los peligros de muerte que sí tenía en la Edad Media, el Camino está lleno de osarios de peregrinos que nunca llegaron a Santiago. Sin embargo hay ocasiones dependiendo del frío, del calor o de azares, en algunos tramos por zonas poco pobladas, en que se vuelve a presentar como lo que fue, un viaje entre la vida y la muerte con peligro físico y moral.

Turismo en el templo

En el camino de Somport hasta confluir en Puente la Reina con la vía de Roncesvalles está Jaca. Esperamos a que abran la catedral merodeando por las terrazas de bares que rodean el templo; sentados bajo las sombrillas, los turistas con sus cámaras de vídeo.

Los que guardan el templo (Jaca)

El espléndido románico de Jaca

Llega la empleada del museo y abre presumiendo de que es la primera catedral románica de España, vale, pase, pero a continuación insiste en que el Maestro Mateo aprendió allí y entonces le aviso de que no siga por ese camino, que venimos de Santiago de Compostela.

Detrás de nosotros entran unos motoristas alemanes, una joven alemana con arreos de cuero echa unas monedas en la hucha de un altar a Cristo Crucificado. En Galicia nadie echaría limosna a Dios o a Cristo, se les da a uno u otro santo o Virgen, intermediarios con quienes se establecen lealtades personales en una religión con estructura feudal del poder sagrado. Pienso que llamándose catolicismo uno y otro, son cristianismos distintos, el de esta gente es verdaderamente monoteísta, el de donde yo vengo, imbuido de paganismo politeísta y panteísta. Pero, bueno, yo de esto tampoco entiendo mucho; sólo lo que veo.

Varios carteles avisan de que durante las horas de culto se abstengan de visitar la catedral y que, siempre, guarden el silencio y la compostura que exige el lugar sagrado. A mi alrededor la cosa se va animando, va entrando cada vez más gente, nadie a rezar y todos a mirar y grabar en vídeo. Son personas de todas las edades en camisetas, zapatillas deportivas y pantalones cortos; están haciendo turismo y el uniforme del turista parece estar sometido a reglamento, es el mismo en las Pirámides, en la Expo o en una catedral.

Le pregunto a la empleada del museo si hay tanto problema con la compostura de la gente. Cuenta que muchos de los visitantes son excursiones de adolescentes con profesores y que pasan de todo, lo dice en un inquietante tono neutro, como de absoluta desesperanza, de nihilismo. La mañana siguiente a los días de excursiones la encargada de la limpieza tiene que rascar las palabrotas que escriben en los bancos. Efectivamente los bancos están llenos de rascaduras.

Tomo notas sentado en un banco, la gente se pasea con sus cámaras, el fotógrafo instala el trípode y las cámaras, aquí nadie reza; hay en la situación un no sé qué de brutalidad. El fotógrafo se acerca a una caja con cables donde un letrero reza: "Vea la catedral iluminada. 100 pesetas", echa la moneda y todo se ilumina. Se apresura a hacer las fotos. Es hora de ir marchando, aquello se empieza a llenar, la gente va a las catedrales en verano ateniéndose al mismo horario que a las tiendas. Se está tan fresquito dentro.

El mendigo brasileño y sus arcanos

En una puerta de la catedral está sentado en el suelo un mendigo vestido de *hippy rastafari*. En la otra puerta, un hombre joven brasileño que chupa un polo de naranja y se mantiene dignamente erguido a un lado de la puerta. Una de las columnas que sostienen el arco está gastadísima, el hombre se muestra prudente y habla en tono pesaroso, nos cuenta que la han gastado las manos de tantos peregrinos que por allí han pasado. Se muestra reservado a pesar de que le hablo en su lengua, al fin me confía que el lugar de más poder en aquella catedral es aquella entrada, debajo del arco entre las dos columnas, la del viento, el bien, y la del calor, el mal. En el medio está la fuerza, si me sitúo allí unos siete minutos la notaré. No veo que esa fuerza le haya reportado mucho bien a él y desconfío, pero acabo haciéndole caso con humildad, uno le tiene respeto a esas cosas. La gente pasa a mi lado y supongo que me tomará por un mendigo metódico que lleva la contabilidad de las limosnas, que escribe su diario o algo así. Pero no noto nada especial ni puedo relacionar nada de lo que me haya pasado luego con este exponerme a lo que aquel hombre llamó fuerza, creo que no me ha acompañado; cualquiera sabe.

Me despido, él se queja de que el Camino es una mentira, todo el mundo va en coche y está explotado como turismo. Se habla del Camino con tanto corazón y es una mentira, dice desengañado, que los albergues cuestan dinero, en el de Jaca le piden quinientas pesetas. Ahora está pensando en ir a Yugoslavia y hacer el Camino desde allí. En los bordes del Camino acampan náufragos y los vagos esoterismos no bastan para calentar la noche de esas almas perdidas.

A nuestro lado, en el portal, una mujer joven mira las esculturas de los santos mientras habla por un teléfono móvil.

Monasterio virtual

Desde Jaca hacemos un desvío a San Juan de la Peña, un cenobio con un claustro muy hermoso y famoso donde vivieron agrupados los cenobitas en oración y trabajo en el siglo XI. Hoy a San Juan de la Peña lo han modernizado y lo han transformado en un parque de atracciones audiovisual. A la entrada de los restos del convento nos aguarda una caseta prefabricada en maderas aglomeradas con una taquilla y una puerta con cortina al lado, como la Casa del Terror de la feria. A quien quiera visitar las ruinas primero lo sientan a ver un vídeo explicativo introductorio en aquel barracón y luego se les conduce en visita guiada.

En nuestro mundo la vida virtual desplaza cada vez más a la real, a la vida de la experiencia y lo tangible, lo sabemos, pero lo que más cuesta aceptar es que los espacios a los que le atribuimos mayor valor de sentido también sean devorados. No parece haber escapatoria, el turismo que casi todos practicamos de un modo u otro, y

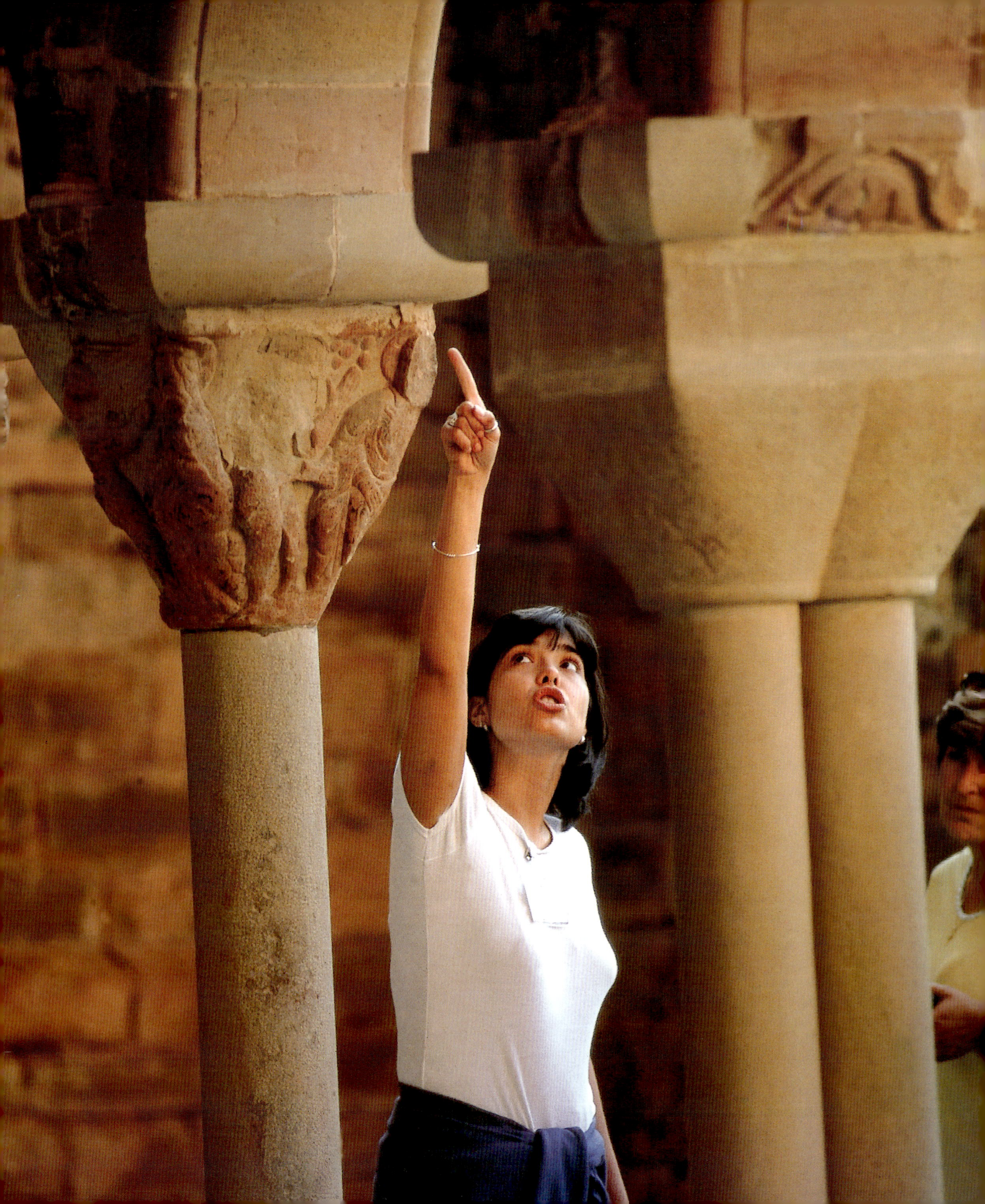

que tan positivo es en muchos sentidos, transforma el mundo en una Disneylandia, aquí el *Pato Donald* y allí un cenobio románico.

Las empleadas no entienden que nos neguemos a pasar y ver el vídeo, que hayamos ido hasta allí precisamente porque no quisimos quedarnos en casa viendo la tele, que estemos allí buscando justamente lo contrario de una pantalla que nos hipnotice. Al fin aceptan que nos quedemos fuera al sol y que nos agrupemos luego con la gente que está dentro en la oscuridad entregada a la pantalla para continuar luego en una visita guiada. El fotógrafo pudo hacer sus fotos y el escritor se interrogó nuevamente

La guía y la escultura en San Juan de la Peña

El ángel rollizo y la virgen esbelta

con que si las ruinas románicas le gustarían de verdad a la mayoría de aquellas personas, seguramente las mismas que ven *¡Qué apostamos!* Si no les gusta, ¿por qué aguantan explicaciones técnicas que no comprenden ni les interesan? Se estudian temas y se hacen tesis doctorales sobre asuntos muchísimo menos interesantes que éste.

No sé si el admirar los estupendos capiteles del claustro, con figuración de la vida de Cristo, compensó el regusto y la decepción que nos dejó el tratamiento que le dan a aquel lugar. No lo sé. Nos marchamos corriendo cuando descendían los ocupantes de dos autocares dispuestos o resignados a consumir una ración de románico. ¡Marchando!

Aparece Santiago

Sangüesa es un pueblo en el que parece vivirse bien y muy apaciblemente, con un fuerte aire vasco en el vestir, esa sobriedad. En la rúa Mayor, siempre la rúa o la calle central, el paso del Camino que atraviesa el lugar, la bandera polvorienta y el letrero viejo del Círculo Carlista.

La portada de Santa María la Real es un lujo del románico, abigarrada puro horror *vacui*, espanto de arquitectos modernos, con toda la potencia y la expresividad de su inocencia. El románico, expresión primitiva del primer cristianismo europeo, cuando la Europa germánica hace suyas las semillas llegadas de Asia Menor. El hieratismo, la tosquedad, su carácter narrativo..., todo lo que lo hace primitivo y salvaje es precisamente lo que lo hace fuerte. Siglos después los pintores y escultores del siglo XX aprenderían esa lección. Es modernísima esta portada medieval. ¿Tendrá también el cristianismo que volver a su espiritualidad medieval para renacer fuerte y ser abarcador hoy? No hace falta contestar, sólo es una pregunta al aire, donde Bob Dylan creyó saber que soplaban las respuestas.

En una calle lateral la iglesia de Santiago, no pude reprimir un *carallo* al ver la figura del Apóstol policromada, esmerada, flanqueada por una figura pintada a cada lado del tímpano. Los colores se le están yendo, lástima. ¿No se les puede repintar? Seguro que ya han sido repintadas antes. No queda ya ingenuidad para repintarlas con toda tranquilidad en sus colorines rellamantes, nos sentiríamos culpables de un pecado contra la religión del Arte. Tampoco deslumbrarían ya a los peregrinos actuales, tienen más fuerza las imágenes de las pantallas catódicas. Además, no nos engañemos, ya no está ahí para impresionar almas infantiles y piadosas, están para que les hagamos fotos los turistas.

De todos modos, qué alegría para el peregrino esta primera aparición triunfante del Apóstol.

Al salir del pueblo pasamos al lado de un río sucio y con mal olor, el bienestar con que se vive hay que pagarlo. Como resumió un día una mujer a mi lado: "Pues sí, chica, para vivir bien hay que sacrificarse".

Pasamos por la foz del Lumbier. Me suena, ¿de qué me suena? Ya sé, un suceso terrible. Un hombre, que quizá hubiese matado, apareció muerto y esposado. La hermosura del lugar, ese corte en la montaña, existía antes de eso. El triste hecho, lo que aquí haya ocurrido no le añade más que una sombra siniestra. Un escalofrío; pasamos de largo.

Iglesia de Santiago en Sangüesa, manifestación del Apóstol

Los viejos miedos románicos en Santa María de Sangüesa

Infierno abigarrado en Santa María

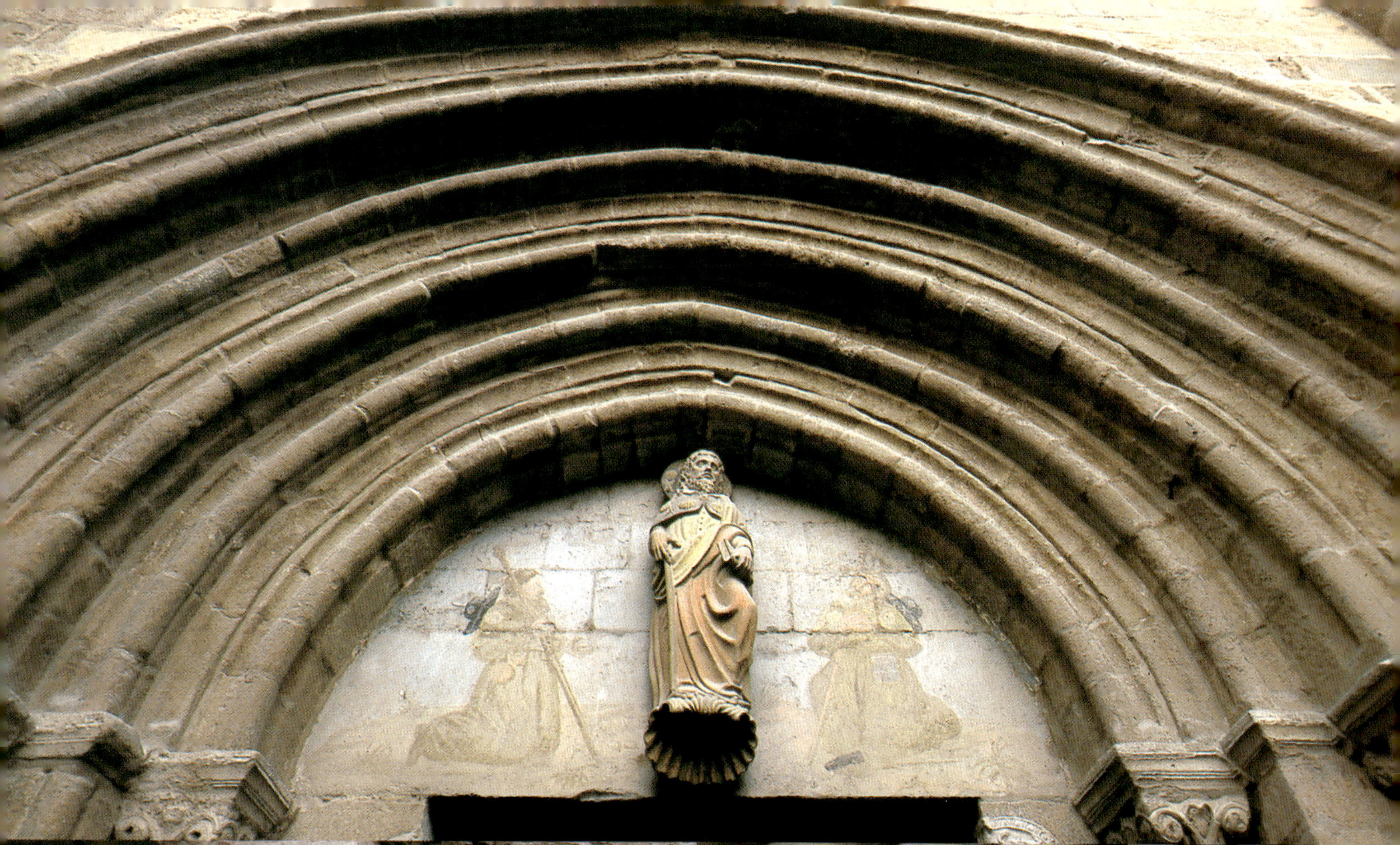

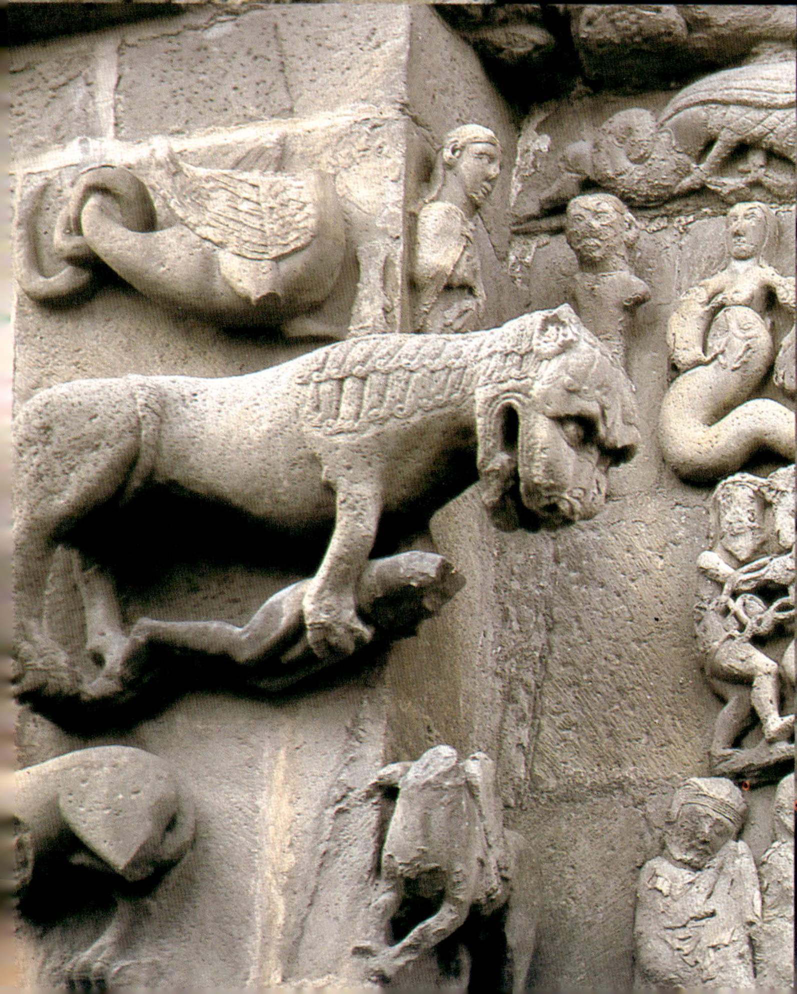

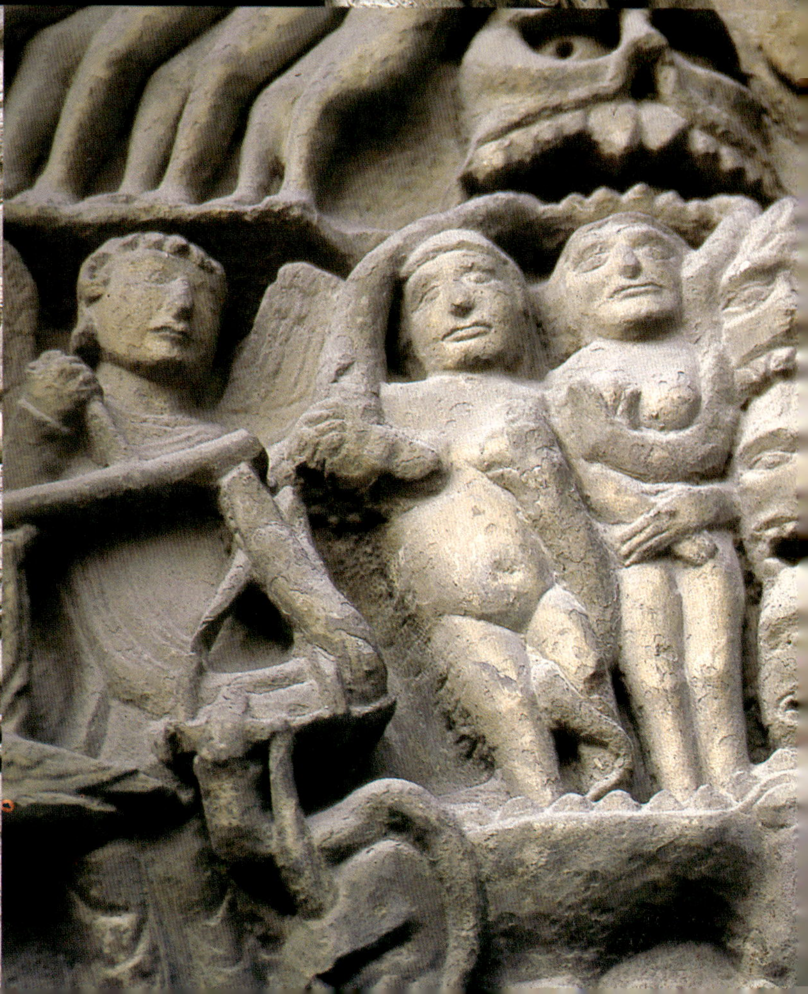

Puente la Reina

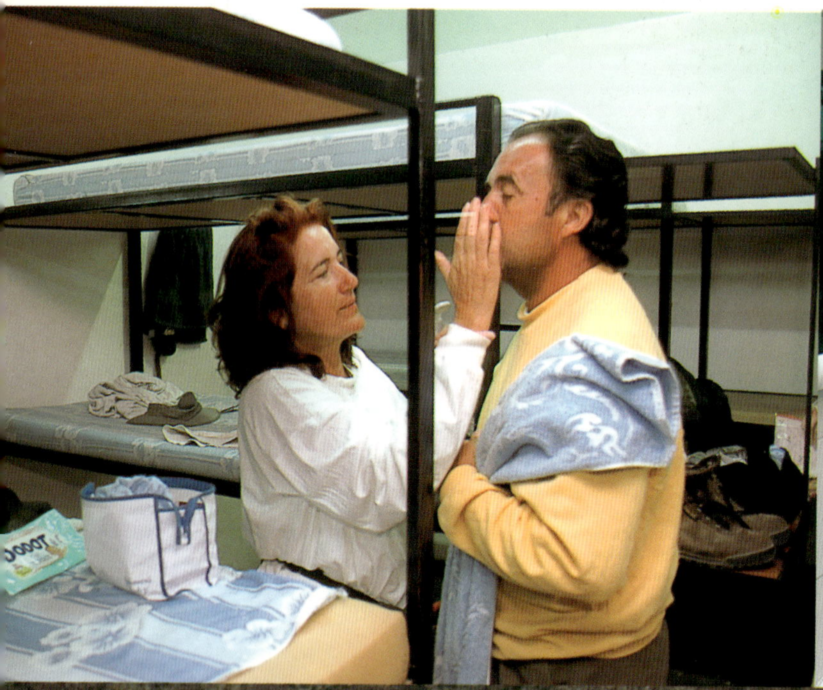

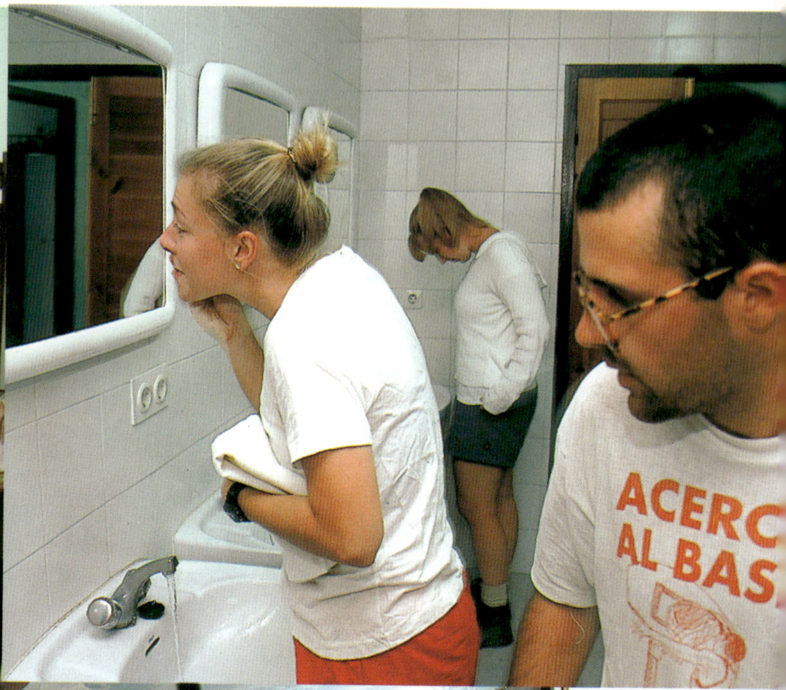
ACERC
AL BAS

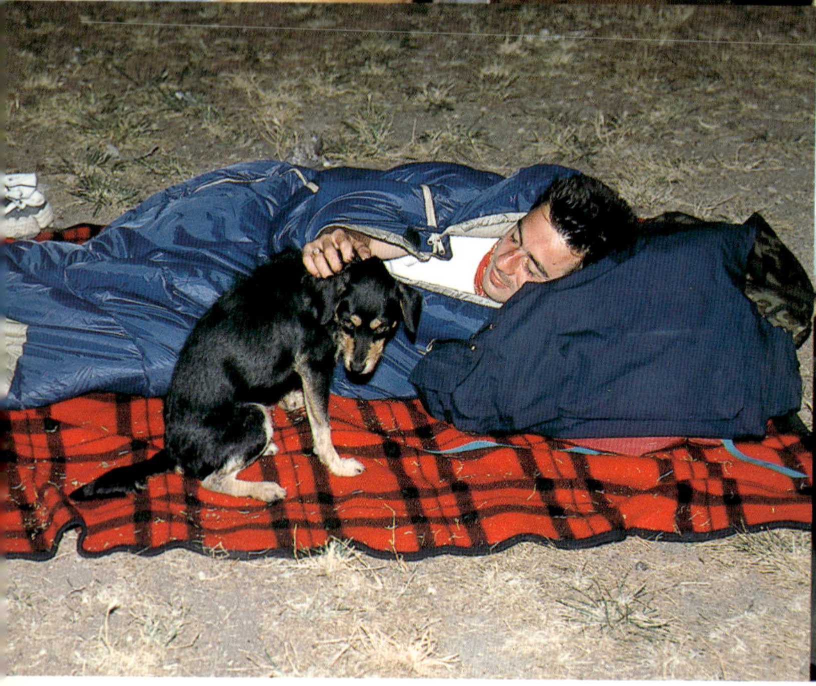

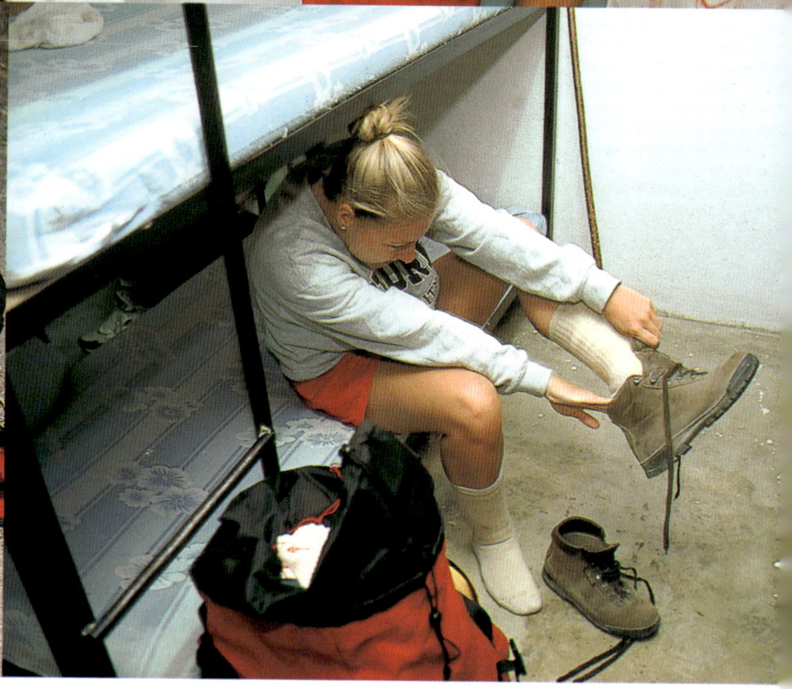

Puente la Reina de nuevo, donde se reúnen las dos entradas a la Península. A su entrada una estatua en bronce bastante horrenda de un peregrino; se justifica un poco en que la construyó un herrero peregrino. De todos modos a lo largo del viaje veremos variados adefesios con que la contemporaneidad se quiere medir con el románico, con resultados desalentadores. Se podría instituir el premio al Adefesio del Camino.

Un convoy de coches de la Guardia Civil aparcado a un lado del camino, los guardias con las metralletas a la cintura conversan en corros. Estamos en un país donde pasa algo que la vista del viajero desprevenido no aprecia, aquí está pasando algo siniestro en silencio; como si la cotidianidad estuviese hueca y la tierra bajo nuestros pies estuviese minada por un laberinto de túneles.

Interior nocturno de albergue

El albergue de Puente la Reina tiene el aire doméstico de una casa humilde, los azulejos blancos, el calentador de butano, el fregadero de acero inoxidable, el terrazo, los neones... Quince lechos en literas, dos duchas, cuatro lavabos, dos tazas de váter. Peregrinos comiendo sus ensaladas, sus bocadillos, sus yogures. Un joven de Madrid bebe solitario su leche, es la tercera vez que hace el Camino, la primera lo hizo con los amigos de la parroquia, por el medio lo intentó una vez en bicicleta pero lo tuvo que abandonar en Burgos debido a unas tormentas torrenciales, ahora lo hace sólo y a pie.

La higiene modesta. Preparativos para el descanso. El neón en el albergue de Puente la Reina. Fuera cae el rocío

Después de haberlo hecho en bici prefirió hacerlo andando, es "el verdadero modo", en bici no te apartas de la cotidianidad urbana y vas más atento a distancias y características técnicas de la ruta. Andando permite vivirlo mejor.

Curiosamente entre estas peregrinaciones ha perdido la fe. Quizá fuese un proceso que ya estaba en marcha independientemente de la experiencia de la peregrinación. No sabe tampoco decir bien qué busca ahora, quizá la fe perdida, quizá alguna certidumbre. En todo caso su experiencia parece significar una gran autonomía del Camino respecto de la fe cristiana, como si tuviese una vida y un sentido propio en sí mismo. Estas cosas tampoco se pueden saber del todo.

El peregrino famoso

Aparecen dos jóvenes periodistas que hacen las prácticas en un periódico local, vienen buscando a un peregrino que las ha llamado. El peregrino mediático es un hombre mayor que se llama Miguel. Es enjuto, moreno, la falta de dientes le hace la cara más escurrida; viste pantalón corto, zapatillas deportivas y un pañuelo de *boy scout* al cuello. "Siempre listo", nos saludamos con gran alborozo por su parte. Afirma que es famoso y como prueba extiende recortes plastificados de periódicos locales donde aparece retratado y entrevistado, dice que ha sido recibido por alcaldes en todas partes y que ha recorrido por una promesa casi 200.000 kilómetros por Europa y Asia, ha sobrevivido a mordeduras de víboras, serpientes y todo tipo de cosas. Acabará en Santiago su peregrinaje. Pero según le han dicho los médicos no debe parar de golpe de andar, después de tanto tiempo, "le daría algo, una cosa". Se sienta con las jóvenes periodistas y les da la entrevista ya hecha.

La historia que relata es la de un accidente laboral, se cayó de un octavo piso y quedó tetrapléjico, en su lecho prometió que si volvía a andar caminaría varias veces Europa y Asia. Un día empezó a sentir un hormigueo en una pierna, se puso en pie y empezó a andar, apareció en el hospital de Santa Coloma de Gramanet y todos se quedaron pasmados. Desde entonces no ha parado de caminar.

Miguel contrasta con un matrimonio de caminantes, más contemporáneos, que hacen un pedazo de Camino este año y el año que viene otro pedazo, acomodándose a sus vacaciones. Es una práctica cada vez más común pero que le quita absolutamente el sentido al Camino, elimina el sentido de peregrinación y de progreso hacia algún lugar con un norte. De ese modo el Camino no es un camino a Santiago, sino un tramo de una ruta senderista de Gran Recorrido. Ella ya lo ha hecho una vez antes completo y ha continuado hasta Fisterra (Finisterre), donde muere el sol. Le pregunto si va a la bendición del Peregrino y se muere de risa. Allí se quedan a pasar la noche, todas las camas ocupadas, en el albergue atendido por un convento cercano.

El sueño de la inocencia bajo un árbol

Bajo un fresno duermen dos jóvenes, los dos son alegres e inocentes. Uno viene en bici desde París, no va cuñando credencial de peregrino y por eso no duerme en los albergues, en cambio es católico practicante y va a misa; el otro viene de Barcelona, trae el libro de Paulo Coelho, uno de los fantasmas del Camino, y viene acompañado de su perro, *Terry*, prefiere dormir fuera acompañando a su perro. Cuando caminan *Terry* va detrás o delante de él, bajo su sombra. "La mujer de *Terry*" está embarazada y no pudo venir, me cuenta. El perrillo aún tiene fuerzas para correr detrás de un pájaro.

El fotógrafo va y viene apurado aprovechando la luz final del día. El fotógrafo ama los atardeceres, como los pintores, y los amaneceres, como los cazadores. Al escritor en cambio le pone melancólico el morir del día y le cuesta levantarse en la alborada.

La carne de aquí además de ser buena la preparan de primera, nosotros bebemos sidra y lo celebramos con orujo.

Por la mañana un joven vasco que se ha rezagado calienta leche para desayunar. Ha ido a la bendición del Peregrino ayer y sólo había cuatro personas, de todos modos es realista y optimista. Cree que compararse con los peregrinos medievales es ridículo, "hoy el Camino ofrece otras cosas". "La gente cree que el caminar sólo, la búsqueda interior, le ayudará a ver algo."

De Puente la Reina por la mañana salen dos muchachas jóvenes, rubias y robustas, de Atlanta. Hacen el Camino por *"spiritual reasons"*. Una estudió *"spanish"*, aunque no lo habla, y un profesor de Valladolid le habló del Camino, ella se lo contó a la compañera. Tienen los pies hinchados, pero van contentas. ¿Que habrá dentro de esas *"spiritual reasons"*?

En la calle Mayor, que es el pedazo de Camino que atraviesa el pueblo, comestibles Camino de Santiago, está la iglesia de Santiago. En la portada figuras gastadísimas, irreconocibles por la erosión de la piedra, tan caliza.

Conocemos a un cura euskaldún, pequeño y afable, que es el que hace las misas en euskera.
—Pero aquí lo habla poca gente...
—¡Huy, qué va! Cada vez lo habla más gente, todos los chiquillos. Y los viejos, que quieren recuperar el habla de sus mayores; no sabe cómo se interesan.
Nos cuenta que fue párroco de Trinxterpe, el barrio de los marineros gallegos en Pasajes, y que por eso ha ido a pasar veranos a Galicia, a los pueblos de sus feligreses. Nada, que casi somos vecinos.

El aire tan cargado en tantas iglesias. El aire fresco fuera. El templo debe de ser un ámbito cerrado, pero ¿es preciso que esté tan viciado el aire? (Pregunta retórica y sin segundas.)

Deambulan por el pueblo tres peregrinos abatidos, se les acaban las vacaciones y han tenido que parar, renqueantes con los pies hinchados lamentan despedirse de los compañeros con que han coincidido en sus jornadas. Sienten nostalgia de dejar el Camino; como si fueran expulsados de una patria.

A la salida del pueblo el puente es tan bonito. Y sin embargo los peregrinos lo han cruzado ligeros y sin pararse siquiera a mirar atrás.

Eunate, ámbito vivo

Es curioso como la mayoría de ellos no se paran ante nada. No sólo es el gran cansancio y la reconcentración en que viajan, ven más dentro de ellos que fuera, también es que muchos viajan desprovistos de un sentido previo para la peregrinación, no se paran a rezar o a visitar una iglesia pero tampoco a admirar obras artísticas hermosísimas de las que está lleno el Camino. Muchas personas salen sin equipaje interior previo esperando que el Camino los llene. Y parece que se cumple su deseo; en su segundo peregrinar van más despacio y parando.

Canta un gallo al cruzar el puente en Puente la Reina. Y no sé si significa algo. Que comienza la jornada.

El templario vigila oculto

Eunate está fuera de la ciudad y algo desviado de la ruta actual, pero esa extraña iglesia solitaria entre trigales y campos de girasol merece ser vista.

Una veraneanta y su hija pequeña montada en bici da vueltas alrededor, dice que viene por aquí todos los días; le gusta el lugar, le da tranquilidad.

Un pintor francés de caballete pinta la iglesia desde una finca donde han segado el trigo. Es una iglesia templaria que tenía un faro en la cúpula para guiar a los peregrinos a distancia, con planta octogonal irregular. Siguiendo el plan de construcción de los templarios cada ángulo apunta a una constelación, con fin esotérico, y el emplazamiento es sobre dos cursos de agua que se cruzan, buscaban lugares donse se cruzaban energías.

Aquí se nos aparece de un modo reconocible el carácter esotérico que tiene el Camino de Santiago en sí mismo y del que está empapado en todo su recorrido. Los templarios son los guerreros, monjes y magos que se sentían herederos de los saberes del gran mago Salomón y que trajeron consigo de Jerusalén la magia; al haber sido destruida de raíz su orden hace siglos no ha tenido oportunidad de evolucionar como las otras, así nos ofrecen para siempre su rostro medieval. Tan sugerente para mucha gente de este siglo según se ve.

Alrededor del templo existe un claustro de columnas sin techumbre que se explica también por un fin mágico, son tres círculos concéntricos. El lugar es arquitectónicamente extraño. Al fin nos lo abren y entramos en la gruta. Enfrente, detrás de un altar adornado con las flores de una de las bodas que allí se suelen celebrar, está una hermosa imagen románica de la Virgen con el Niño que es la reproducción de una original que robó Erik el Belga hace años. Aquí dentro vive el silencio, estoy sentado en un banco de madera, de fuera llegan voces de pájaros; a mi alrededor zumba un moscardón, él y yo solos bajo la bóveda. Ahora me ronda, como si fuese un vigilante de este lugar que quisiese espiar qué escribo.

Retrato del que retrata Eunate

Se asoma una gata preñada, algunos días entra por debajo de la madera gastada de la puerta y duerme en un banco, quizá donde yo estoy sentado.

El joven que atiende el puesto de información turística en una casa vecina por cuenta del Gobierno autónomo nos informa de que aquel es el tercer punto del mundo en el ránking de energía positiva; es un navarro impetuoso. Pone el ejemplo de una chica alemana que sin saber nada del asunto salió asustada, diciendo que allí había algo raro, sin atreverse a volver por la mochila. No parece un ejemplo afortunado de energía positiva. Aunque lo que parece candidez es separar energía positiva y negativa, si la vida se manifiesta en toda su fuerza seguro que su rostro no ha de ser plácido ni amable.

Una joven licenciada en Arte que guía visitas aguarda a que llegue el trabajo en una tumbona al sol leyendo un libro de quiosco. Ella cree que efectivamente el edificio es templario y que hay gente que viene y que da vueltas concéntricas alrededor y que dice luego sentirse estupendamente. Le preguntamos si ella cree en eso, se ríe y contesta que cree y no cree. Afirma no ser gallega.

Nos llevamos de Eunate un par de botellas de vino tinto por si es cierto lo de la energía.

Estella, San Pedro de Rúa. ¿Qué vemos los contemporáneos en esas piedras viejas?

Rumbo a Estella vemos a peregrinos caminando por la orilla de la carretera al lado de los camiones, ignorando el camino de andar señalizado por las flechas amarillas; avanzando sin amparo, como autistas cansándose contra una corriente adversa. Avanzando obstinados sin ver el propio camino; en esta vía hay almas ofuscadas.

Sinceridad arquitectónica

En la entrada de Estella está la iglesia del Santo Sepulcro con una figura de Santiago Peregrino muy deteriorada, tan estragada está que me pregunto si no valdría la pena reconstruirla. Ya sé, ya sé, pero esa figura estaba ahí para representar al Apóstol a los peregrinos que por aquí pasan y ahora ya no representa nada, no se le reconoce.

El fotógrafo introduce aquí a discusión el tema de la sinceridad arquitectónica: rehabilitar sin engaño, respetando tal cual lo que ha pervivido y reconstruyendo luego el resto con criterios y materiales de hoy. A un lado de la iglesia unos empleados municipales están reconstruyendo el empedrado del suelo imitando el que hubo, el año que viene quien pase no lo notará y creerá que está de toda la vida, ¿falsedad arquitectónica? Uno no sabe que opinar (los arquitectos tampoco, por eso discuten).

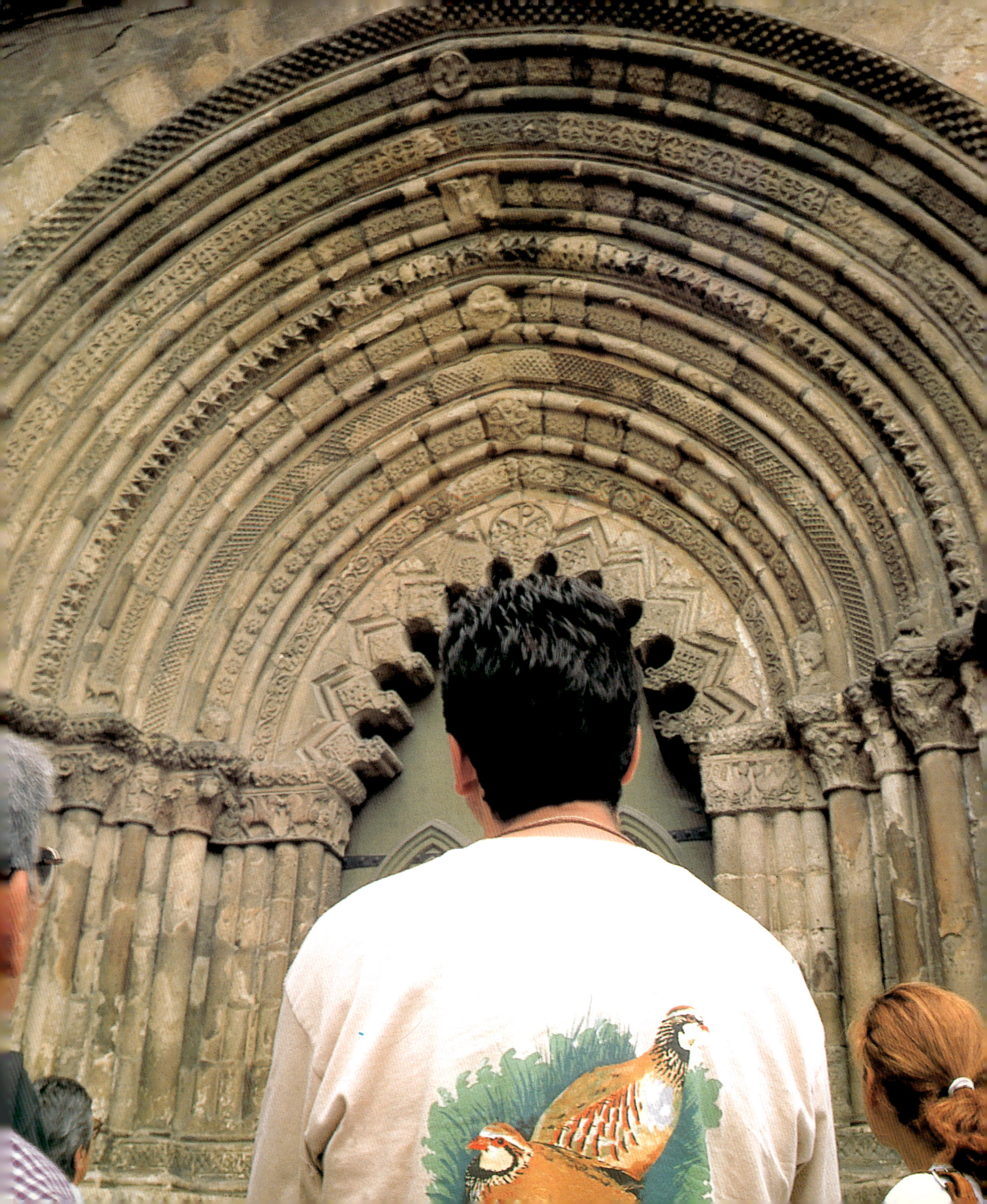

Pasa por delante de la hermosa portada un peregrino francés, trae un estupendo bordón de ebanista con una pequeña vieira de plata, parece arma contundente. Cuenta que efectivamente en Francia le hizo falta para apartar los perros, en cambio en España los perros no le molestaron. Es un trabajador que perdió el empleo en una reconversión. Trae un ingenioso depósito de agua en un bolsillo de la mochila del que sale un tubito que llega a la boca y que le permite dar sorbos de agua sin dejar de caminar. Viene con paso ardoroso y mirada inquieta, lo imaginamos caminando furioso desde la madrugada para llegar allí a esas doce del mediodía; se sienta en un pedazo de hierba a descansar mientras aguarda a que abran el refugio municipal a las dos. Ojalá encuentre paz, y también trabajo.

El refugio está a un lado de la calle que es el Camino a su paso por la ciudad, calle de la Rúa, hacia el cual viene Miguel, el peregrino de los 200.000 kilómetros acompañado de un compañero más joven. Está disgustado, el alcalde no lo ha querido ni recibir, y en el refugio municipal le quieren cobrar quinientas pesetas, está dispuesto a pagar hasta trescientas. Refiere quejoso que ya ha estado en la emisora local de la COPE, donde le han hecho una entrevista, a ver si le solucionan el problema; si no, prefiere dormir fuera.

En esta calle, un poco más adelante del albergue de quinientas pesetas noche, abundan los anticuarios, que no son tiendas visitadas por peregrinos, lo cual me confirma que alrededor de la ruta de peregrinación humilde florece una hostelería y un comercio de calidad.

Las flechas amarillas, pedestres, rurales, urbanas, silvestres..., siempre cómplices de la Hermandad de los pies rotos

Turismo de calidad

En la iglesia de San Pedro de Rúa, fortaleza de cuando la religión era la guerra, la guía dirije su visita guiada, "arco polilobulado", "motivos vegetales geométricos", "finales del XII o XIII". Los visitantes la siguen cabizbajos. Enfrente, la oficina de turismo en un palacio de los Reyes de Navarra, con un capitel famoso representando la lucha de Roldán y Ferragut; la oficina está muy bien atendida. El turismo está muy bien atendido en Navarra, organizado de un modo muy rígido a veces, pero cada pueblo o villa tiene una oficina de turismo con varias publicaciones y desde luego no se empeñan en vender el sol, que nadie va a buscar a Navarra, si no su Historia y cultura antropológica, hermosos paisajes y una postal de vida rural bucólica. Es, en general, un ejemplo de política de turismo inteligente. Eso parece pensar un hombre con acento catalán y camiseta con la insignia del gobierno balear que está sospechosamente interesado en conocer todos los folletos turísticos. Dejamos al espía balear y salimos a este día nublado en que empiezan

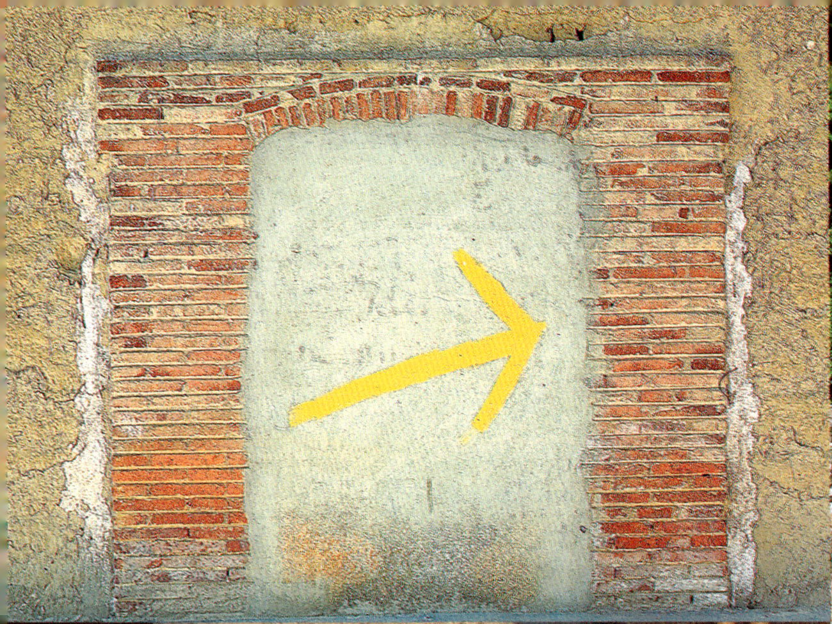

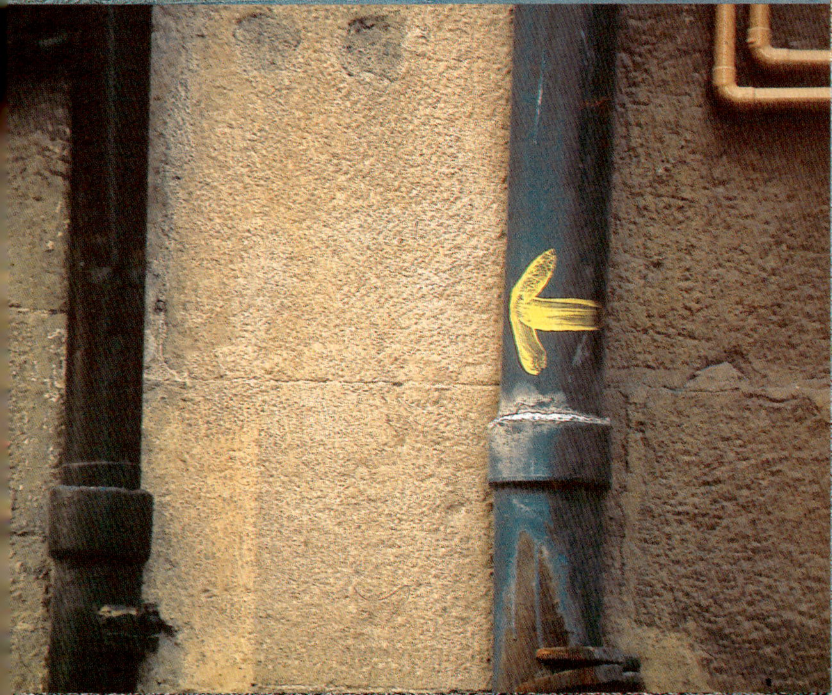

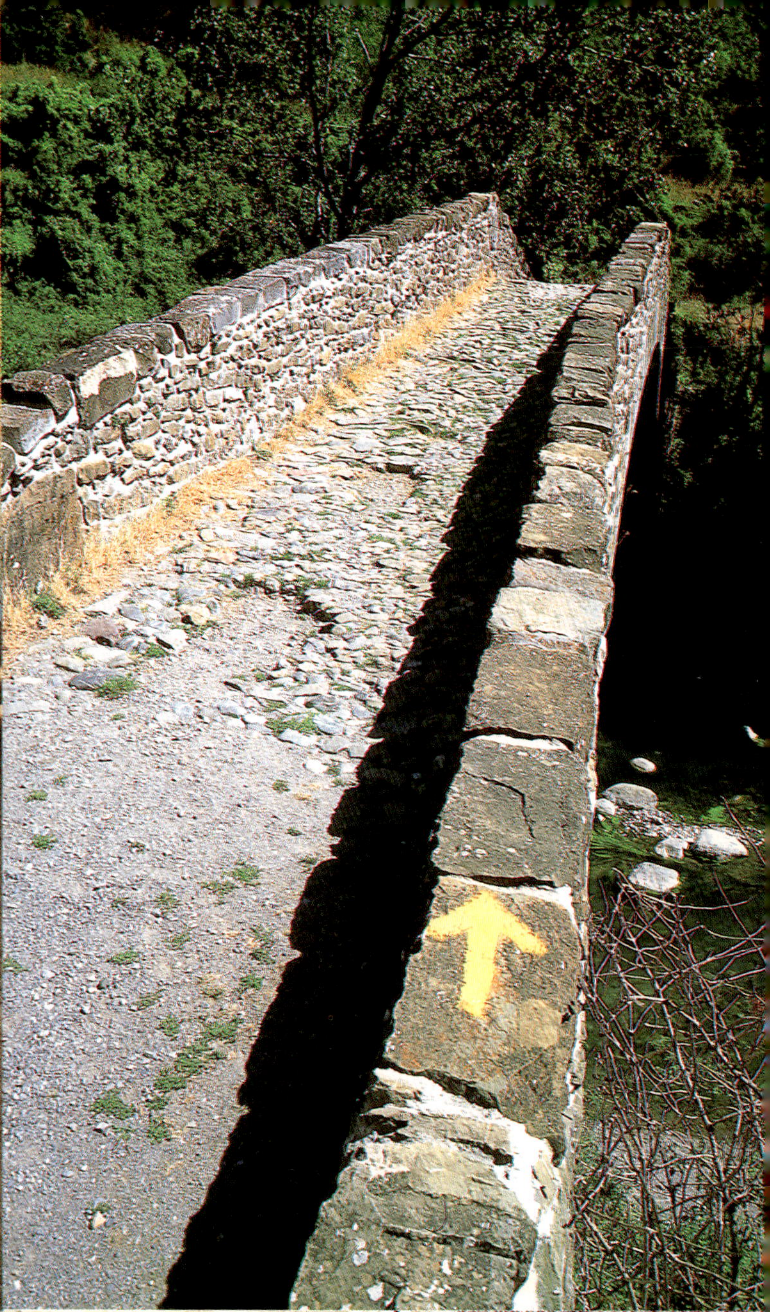

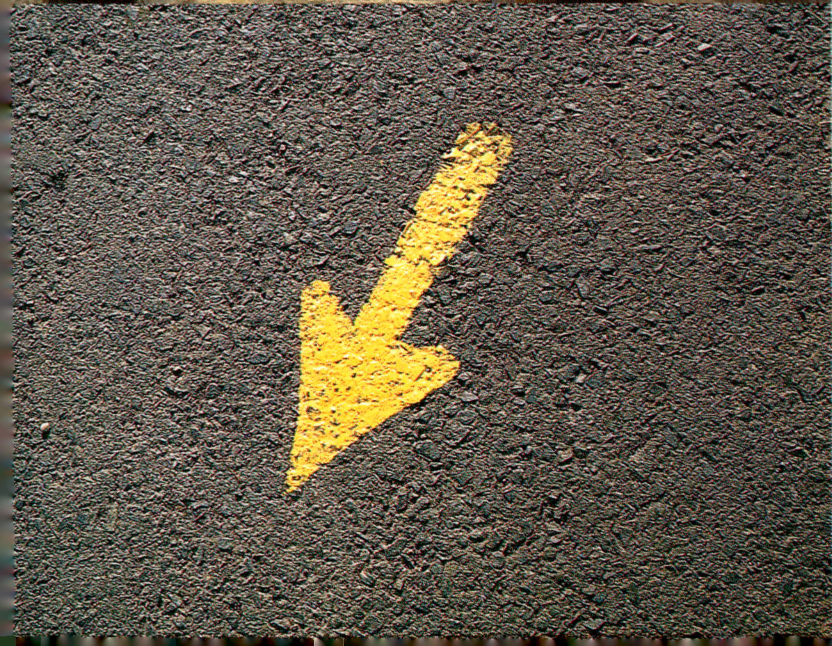

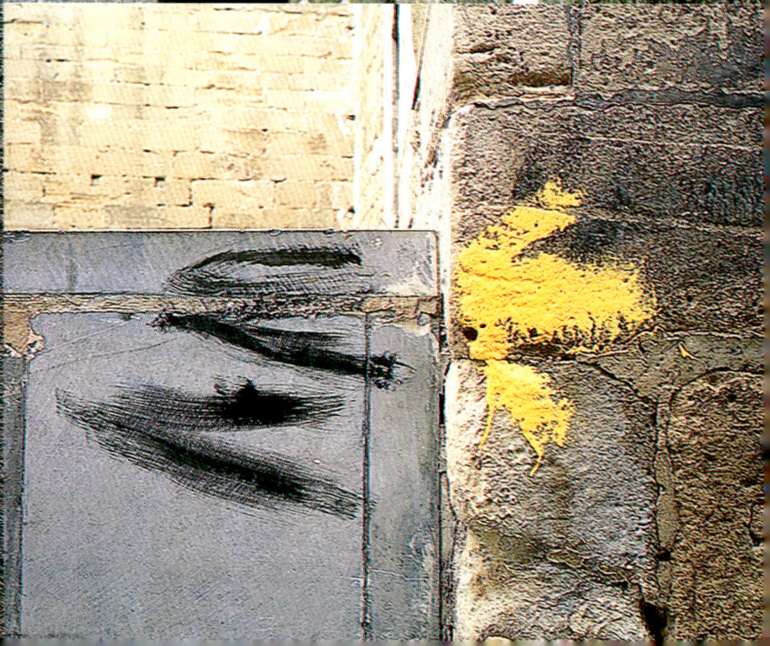

a caer cuatro gotas. El turismo, la gran industria del futuro, todos trabajaremos de guías o camareros. Heme aquí.

Otro tema es el precio a pagar por los ingresos del turismo, hay lugares donde se busca el turismo de mogollón y el precio es sepultar con cemento y asfalto el litoral, aquí por el contrario este turismo de calidad pide simular que la vida se ha detenido en una arcadia preindustrial. Conozco bien el desgarro íntimo que produce sepultar brutalmente el paisaje y los lugares de la memoria, perder el país; no conozco, en cambio, el coste que tendrá para el alma de los vecinos de estos lugares tan bien conservados el vivir dentro de una postal. Pero algún tipo de perturbación debe producir también; creo.

Fuente del vino de Irache, humor y ánimo

Da pena dejar Estella, que es tan bonita, tan carlista y donde se come tan bien, pero peregrinos y turistas están en dos dimensiones paralelas y distintas que nunca se tocan.

Sólo nosotros, que merodeamos el Camino, mercenarios al mejor postor, podemos pasar de una dimensión a otra. Ajenos a las demandas del turista y a las lealtades del peregrino vamos y venimos de unos a otros, esforzándonos en no dejarnos atrapar en el hechizo seductor de la peregrinación. Escépticos, y sin embargo envidiosos.

Tribus distintas

Turistas y peregrinos casi resultan invisibles unos para otros. "Oh, fíjate, peregrinos, les voy a hacer una foto. Vete tú mientras dentro para reservar mesa en el comedor"; una anécdota que se olvida tras una comida con tarta helada de postre.

Los peregrinos en cambio ni siquiera ven a sus lados. Van tejiendo entre ellos sus lazos de hermandad secreta guiados por la flecha amarilla, esa flecha pintada con brocha y que pasa desapercibida para los vecinos del lugar y que los turistas pisan e ignoran. El vecino, el visitante, el conductor, cada uno atiende a un código de signos que le indican a donde dirigirse; son signos distribuidos por comerciantes, como los letreros de las tiendas, o por el Estado, como los nombres de las calles y las señales en la carretera. Sólo los peregrinos se mueven en un mundo distinto, ellos no precisan de esas señales, tienen la suya, obsesiva y cierta. Van atentos sólo a la pedestre y tosca flecha amarilla que los llama aquí y allá. En un muro, en un mojón, en el tronco de un árbol, en una roca, en el pie de una farola... Sólo hay que obedecer la flecha desde Roncesvalles a Compostela.

La hermandad de la flecha amarilla

¿Quién ha pintado esas flechas? No el Estado. Podría pensarse que es brujería de sociedad secreta, pero no, son las asociaciones de Amigos del Camino. Ellas son las dueñas de la flecha. Ojalá siga siendo así y no se la vendan a nadie a cambio de nada.

La hermandad de la flecha amarilla vive temporalmente fuera de la sociedad, en el mundo de la infancia y el compañerismo. Mientras dura la peregrinación desaparece la identidad que todos tenemos en sociedad, los roles que jugamos. Mientras se anda el Camino nadie es abogado o ingeniero o parado o trabajador o estudiante, se comparten los mismos cuartos de literas y parecidos trabajos de andar. Se vuelve a ser niño, una oportunidad de volver a la inocencia, se incuba el sueño de volver a empezar una vida nueva quizá. ¿Cómo no va a doler abandonar ese hermoso mundo de *fraticelli*? ¿Cómo no se va a anhelar desaparecer en esa dulce posesión?

El vino peregrino

A la salida de Estella está Irache. Allí las bodegas Irache, a un lado del Camino, se ocupan de abastecer a una fuente que ofrece vino a los peregrinos que pasan. Aunque no es bueno beber vino mientras se camina, el vino se nota en las piernas, la fuente es tentadora; irresistible, diría yo. Mientras bebemos con calma los bodegueros nos regalan su poesía escrita en carteles fabricados por un herrero: "¡Peregrino! Si quieres llegar a Santiago / con fuerza y vitalidad / de este gran vino echa un trago / y brinda por la felicidad". No sé si el poema no lo habrá fabricado el herrero también. Una placa certifica que la fuente ha sido inaugurada por el presidente del Gobierno navarro. Lavamos el vaso y nos marchamos ya con otra coplilla que acompaña a la primera, y que son las normas de uso: "A beber sin abusar / te invitamos con agrado / para poderlo llevar / el vino ha de ser comprado". Se ve que hay peregrinos para todo. Sobre los grifos de agua y vino, dos escudos y una figura del Apóstol. Adiós, Irache, ¡hip!

No hay comodidades en la ruta del caminante, pero cualquier comida sabe bien

La mujer de la llave

En Torres del Río, un pueblo con aire de vivir permanentemente la hora de la siesta, volvemos a encontrarnos con el Temple, la iglesia del Santo Sepulcro, otro eco mágico de esa Jerusalén oscura que parece aquí fuera de contexto, en este ambiente de cotidianidad aldeana.

Unos hombres comentan asombrados la cantidad de peregrinos que han pasado esa mañana, cuarenta y algo ha contado uno, no ha parado de pasar gente caminando todo el mes. Unas niñas juegan a pillarse en el atrio de la iglesia, otra más apartada está concentrada en una videoconsola. Una de las mayores va a buscar a alguna de las vecinas que se turnan para abrir la iglesia. Esperan también dos mujeres jóvenes italianas ("¡De Trieste! ¡Oh, de Trieste! ¡Friuli! ¡Joyce, Italo Svevo!". No sé por qué, pero cada vez que vemos a un italiano imitamos penosamente a los napolitanos de las películas; pobres, los más adustos deben estar hartos de cargar con ese estereotipo, supongo). La más afable de las dos habla de sí misma quitándose importancia, trabaja en una tienda, en cambio cuenta con admiración que la compañera es arquitecta y que viene estudiando el románico. La arquitecta se pasea con aire displicente por delante de la iglesia como concentrándose para estudiar ese románico que aguarda; aquí esas cosas ya se estudian en la carrera.

Viene al fin la niña con la señora Marcela que trae la llave y que abre la gran puerta, en toda la mañana nadie ha venido a visitar la iglesia.

En Torres del Río, bóveda y círculo que atrapan

Santiago Matamoros en Logroño, el rostro oscuro del Apóstol

La iglesia es un ámbito casi circular, como Eunate, de planta octogonal. Acostumbrados a las iglesias de planta de cruz entrar en estas iglesias desconcierta. Caminamos por el círculo con cautela como aguardando algo inminente, no es cualquier cosa traspasar y entrar en un círculo, el círculo es un lugar decisivo, el lugar absoluto, donde aguarda una Anunciación o la muerte ritual. Permanecer y dejar que pasen los minutos para que la extrañeza ceda, para que vaya pasando el tiempo haciéndonos fuertes allí y se debilite el lugar.

Una figura de Cristo románica muy expresiva y bien conservada, la señora insiste en que es el auténtico, robaron las figuras que estaban a la orilla de la carretera pero aquella, un poco apartada y en medio del pueblo, no; es la auténtica, insiste ante nuestras dudas, gentes incrédulas. Se lamenta de que no podamos oír una cinta de casete en un viejo reproductor, de los primeros que se recuerdan, que ha expirado y permanece en una mesita de cuerpo presente, su alma en el limbo de los viejos electrodomésticos. Ella, aunque no se lo crea en su modestia, explica bien el lugar a su modo, pero qué se va a explicar de un templo a un turista. Se interrumpe cada poco con preocupación, "espero que no se queme la comida", "la dejé a fuego bajito, a ver". Se ha colado dentro un moscardón, a ése lo conozco de antes. Mejor nos vamos y la dejamos, no se le queme la comida, le damos una propina que creemos que se ha ganado por molestarse (el fotógrafo y el escritor discuten repetidamente cuándo se debe y cuando no dar propina. Otro tema interesante sobre el que tampoco hay tesis ni estudios). Las italianas no sueltan una lira, y eso que una es arquitecta y ha venido a estudiar. Quizá también ellas tengan su discusión al respecto.

Sobre la iglesia, el faro, hoy sin uso, que alumbraba a los peregrinos y que es una hermosa figura literaria, un faro para no perderse en la tempestad y en la noche. Perdonen esta licencia.

En el pueblo están a punto de abrir un albergue una mujer italiana muy activa y su compañero griego, *greco*, más pausado. Por lo visto por debajo del albergue pasan las dos fuerzas que convergen bajo el templo, tenían previsto haberlo inaugurado ya pero una semana antes alguien entró de noche y les destrozó el albergue por dentro. Parece haber un lado oscuro del Camino.

Los signos jacobeos, el rumbo al Oeste

Puerta en Logroño, la salida de nuevo al Camino

Mientras no reconstruyen lo destruido despachan comida y bebidas a los peregrinos. Una pareja de alemanes, un hombre mayor y otro más joven, ya han comido y ahora toman café y beben orujo repantigados; no llegarán muy lejos. Dicen hacer la peregrinación por motivos espirituales y culturales; el más joven, que parece inundado por el sopor de una digestión pesada, concluye que buscando el modo de vivir de aquí. El suyo debe de ser un país tristísimo para envidiar a otro donde la gente se pasa la vida viendo fútbol en el televisor o discutiendo sobre el resultado del partido.

El Camino en adelante está muy bien indicado, una mano amiga ha escrito un ¡aúpa! dentro de la flecha amarilla, entramos en Viana con una peregrina de Barcelona que alterna para dormir los albergues y los hostales, "los peregrinos suelen tener buenos pulmones, roncan". En Viana nos reímos e imaginamos sentidos para un cartel donde "se prohíbe jugar y ensuciarse en este sitio bajo multa de una peseta".

El Camino de la Oca

En Logroño atravesando el puente sobre el Ebro se entra por la rúa Vieja, puro pedazo del Camino donde está el albergue de peregrinos. La calle y entorno es hoy un barrio empobrecido y poco habitado, locales de copas nocturnos y letreros de "se vende" o "se alquila". Siendo el barrio fundacional le ocurre lo que a muchas partes antiguas de las ciudades, el despoblamiento y la marginalidad. Hay la intención municipal de rehabilitarlo.

Un cartel en un muro viejo anuncia un concierto de un grupo pop en un pabellón polideportivo municipal: está ilustrado con la imagen de un niño de meses sentado sobre una hoja de afeitar. Es frecuente que la imbecilidad cruel se considere moderna y se la financie con dinero público.

En la plaza de Santiago nos sale al paso en el suelo la representación del Camino como un tablero del Juego de la Oca. Y eso es exactamente, entre otras cosas, una vía iniciática llena de pruebas, riesgos, para alcanzar una meta, que es un final y un triunfo. El viejo juego traído por los árabes desde la India nos informa sin dudar del carácter esotérico de este empeño. Me resulta inquietante la representación de la muerte que aquí aguarda más adelante, entre Ponferrada y Melide.

Santiago bifronte y suplantador

Al lado la iglesia de Santiago que tiene en su fachada arriba un despiadado Santiago Matamoros y debajo un sereno Santiago Peregrino, tan contrarios; Santiago bifronte. Nosotros venimos siguiendo el rastro del Peregrino, pero lo cierto es que el Hijo del Trueno tiene las dos naturalezas. Es falsa inocencia fingir que no existió o no existe el lado terrible del Santo Apóstol, quizá el más en sombras.

Santiago es Jacobo, que significa suplantador, el que lucha por destronar y ocupar el lugar. Algo parece haber de esto en la figura de nuestro apóstol. "Hermano de Jesús" según los Evangelios y en interpretación de san Jerónimo quizá propiamente de sangre a través de un matrimonio anterior de san José. Este hermano mayor del Mesías, que seguramente ya era seguidor de Juan Bautista antes de comenzar Cristo sus predicaciones, que al morir éste es nombrado por los demás fieles primer arzobispo, principal pilar de la iglesia fundacional de Jerusalén según san Pablo. Sin embargo la paradoja es que su lugar de apóstol fundador de la Iglesia fue ocupado por Pedro.

Es fácil pensar que nuestro apóstol perdió un trono que le pertenecía. Y a esa luz se puede pensar en una aspiración a ocuparlo, una rivalidad entre la sede de Pedro y los dos verdaderos lugares de peregrinación de la cristiandad, Jerusalén y Compostela, Roma nunca alcanzó ese fervor. La vida entera de Santiago hasta su muerte está unida a Jerusalén, una periferia del Imperio Romano y su resurrección a una segunda vida está unida a otra periferia, un Fin de la Tierra. Visto así no parece extraño la rivalidad por ser la cabecera de la cristiandad entre Compostela y Roma que llegó a que Roma excomulgase a un arzobispo, Cresconio. Más ilustrador parece aún un episodio de la Historia Compostelana en que el Espíritu Santo ilumina en Jerusalén a Mauricio, obispo de Coimbra, para que descubra la cabeza que le faltaba al cuerpo decapitado del Apóstol; Mauricio acabaría siendo arzobispo de Braga y antipapa.

Una interpretación de su persistencia en aspirar a presidir la cristiandad encajaría con el perfil del belicoso Hijo del Trueno, envuelto en la tradición esotérica de Asia Menor que nunca abandonó y donde se enfrentó al demoníaco mago Hermógenes. Uno siempre comparte algo de naturaleza profunda con aquello con lo que se enfrenta.

Sea como sea, en esta fachada coexisten el inquietante y perturbador rostro de un dionisíaco guerrero que siega cabezas como hierba y el sereno rostro y ademán dulce del apolíneo varón que camina tenaz en peregrinación piadosa y amorosa. Son los dos rostros de la figura más que humana que preside y contempla nuestros pasos. En esta vieja fachada y en este reciente Juego de la Oca en el suelo de una plaza de Logroño está quizá la suma de la verdad de esta peregrinación.

Logroño es una ciudad próspera y viva pero a las cinco de la tarde la plaza del Mercado está casi vacía y tiene aire de domingo por la tarde. Resuena envolvente en toda la plaza la voz de una mujer italiana, lamento amoroso, reproches, desde un altavoz sobre una tienda de bolsos. Un niño que se llama Miguel me ha visto escribir, se acerca y me pregunta: "¿Qué has puesto ahí?". Es un niño preguntón y maleducado, ahora le hace burla a una señora que le habla a su hijo, y en ese momento me abruma el destino de esa vida pequeña. Le deseo estúpidamente que sea bueno y feliz, como si fuese por un momento un santo peregrino, y me voy. Ahora es Camilo Sexto quien canta quejumbroso por el altavoz desde allende los años.

Derrota en Clavijo

Clavijo no es el Camino de Santiago, pero va tan unido a su figura que teniendo un coche no hay más remedio que visitarlo. Clavijo es las ruinas, muy viejas, de un castillo en lo alto de un monte y debajo unas pocas casas.

En una ladera hay unos hombres apostados con sus cámaras apuntando a la carretera por donde ascendemos, graban a un coche deportivo blanco que se cruza con nosotros, es para un anuncio televisivo y supongo que nuestra aparición en la carretera solitaria les ha estropeado el pase. Tendrán que repetir la toma, o saldremos en el anuncio.

En la iglesia parroquial una lápida colocada por los ejércitos de España y el pueblo de La Rioja conmemoran la gesta gloriosa de sus antecesores en el año jacobeo de 1965 bajo el patrocinio del Apóstol Santiago. Al lado conversan un grupo de jubilados sentados en dos bancos. Enfrente, un estanco y una tienda de alimentación cerrada, en la fachada de la tienda un letrero electrónico luminoso anuncia la corresponsalía del BBV y productos bancarios, máquinas recreativas, ofertas de alimentación...

En el centro social se exponen junto a gorras, insignias y camisetas los libros de un peregrino vestido con el traje profesional reglamentario. Una foto enmarcada del mismo soltando una paloma blanca en la plaza del Obradoiro preside el salón donde unos hombres y mujeres juegan a las cartas. Uno de los que juega nos cuenta que el peregrino vive por allí, Marcelino Lobato se llama, y que la paloma se la prestó él para el viaje, que nunca volaba y que precisamente aquel día le dio por volar al llegar allí; milagro apostólico quizá.

Clavijo, los fantasmas de la literatura y de la Historia

Pasa un perro ladrando detrás de una señora teñida de rubio, los viejos sentados en la plaza le gritan al perro que se calle, la rubia le tira una piedra y el perro se escapa. Debiera habérsela tirado antes.

Clavijo nos da sus lecciones. Una, que la Historia es literatura, por mucho castillo que haya cuesta creer que la demografía de entonces y las propias limitaciones de armamento dieran para que en aquella batalla muriesen cuarenta mil musulmanes; no digamos ya que los matase el Apóstol con su espada, muy mellada debía de estar de cortar tanto hueso. Otra lección es que la Historia es dialéctica, tanta grandeza pasada y hoy Clavijo es pasto de anuncios de coches que buscan paraje desolado. Dicho en palabras mundanas, no somos nada.

En Nájera el fotógrafo se indigna. En el monasterio de Santa María la Real, "No cámaras. No vídeos". El fotógrafo se lo esperaba, incluso le extrañó que no hubiese aparecido antes el letrero. Se siente herido y está malhumorado el resto del día.

El albergue, en la calle Mayor, la del Camino, está muy bien atendido y, sin lujos, es cómodo. Aunque el albergue tiene la puerta abierta y está lleno de gente sigue en la

Las botas del caminante, tibieza y olor. Los mejores amigos, animales de compañía que descansan hasta mañana

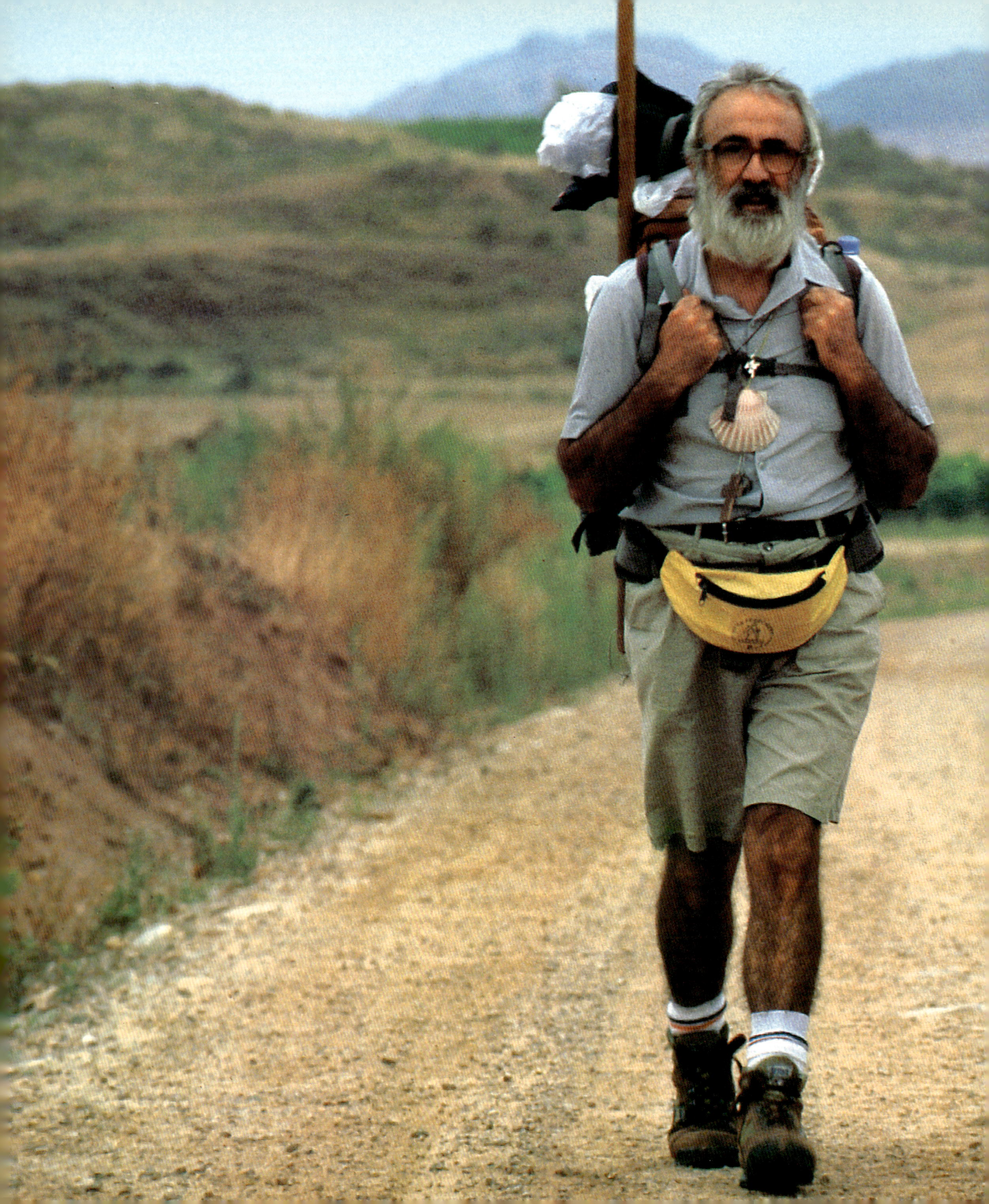

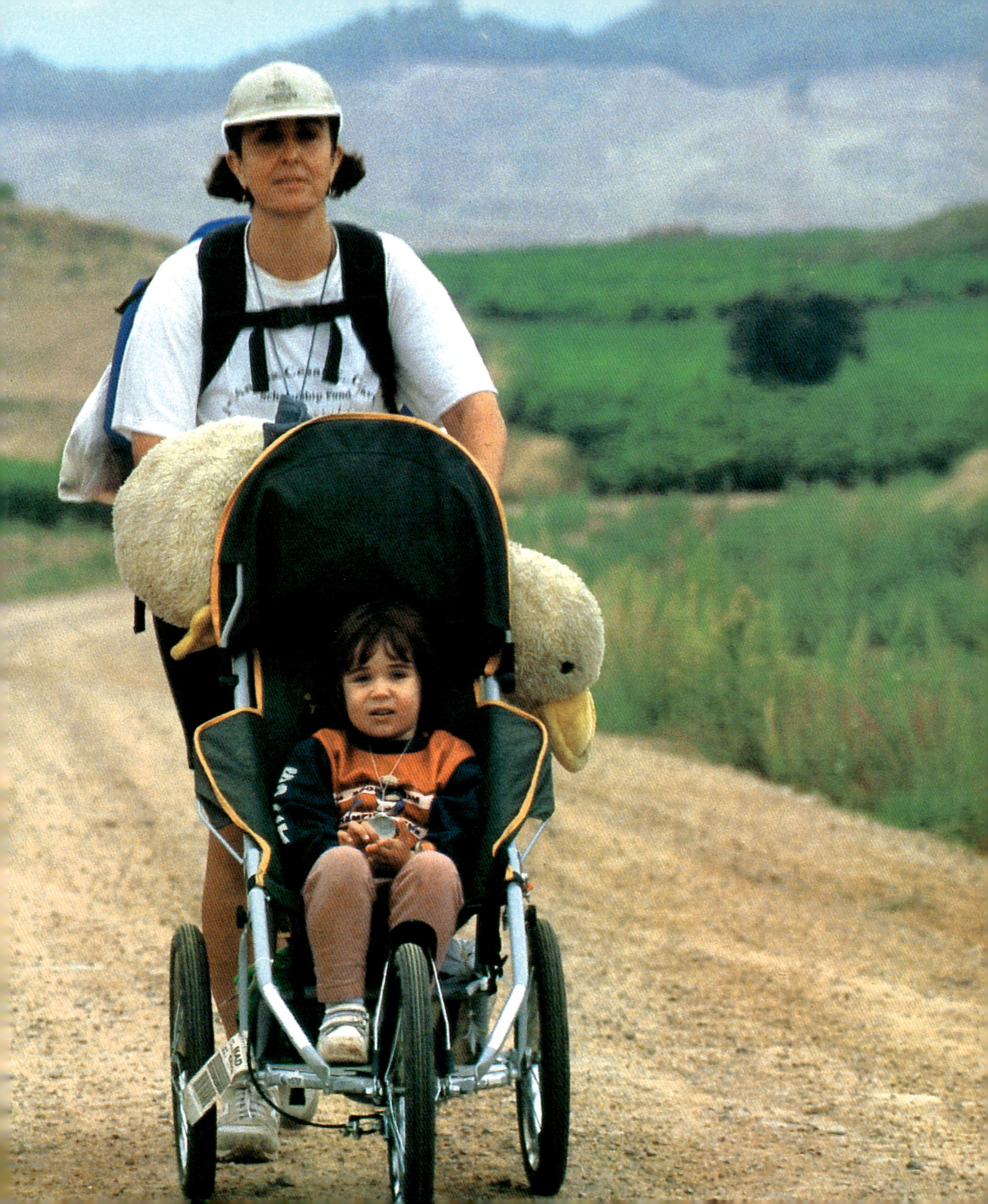

puerta el letrero de "¡Bienvenido, peregrino! Entra y descansa. Hemos ido a comer, esta tarde volvemos", que refleja confianza y talante acogedor. Ojalá pueda resistir los embates de la realidad.

Fraternidad y espiritualidad jacobea de hoy

El hospitalero es de la Asociación de Amigos del Camino de Valencia y se declara "enganchado" desde el 93, de nuevo esa palabra que me resulta violenta y desagradable pronunciada con naturalidad y alegría. Es celoso de que los peregrinos no se vean molestados en su intimidad y tarda en aceptar que de algún modo formemos parte del flujo del Camino y confiarnos su alegría por el trabajo voluntario que realiza. De cuando en cuando se levanta y se adelanta hasta la puerta para rechazar la curiosidad de los turistas del final de agosto que se asoman. Es un joven que trabaja en una empresa y que dedica sus vacaciones quince días a hacer un tramo de Camino y otros quince a ser hospitalero. Cuenta con sonrisa fatigada y radiante cómo es feliz ayudando a los peregrinos, como él mismo, llevando a un ciclista alemán a un taller de bicis, pinchándole las ampollas en los pies a otros...

La Iglesia católica española ha sufrido un desprestigio muy grande, venido en parte de su deslegitimación moral al estar asociada y haberse beneficiado como religión de Estado del régimen del general Franco y en otra parte también por el proceso de urbanización y secularización aceleradísimo desde los años sesenta y la corriente cultural del siglo. Con ella se han desprestigiado también virtudes particulares e instituciones que patrimonializaron, como la caridad que canalizaba el humanitarismo de mucha gente. Hoy las Organizaciones No Gubernamentales canalizan parte de ese humanitarismo, pero hay otra parte, ligada a un sentimiento de comunión mística con los demás y el mundo, un franciscanismo, que el Camino parece estar catalizando. Este joven parece estar imbuido de esa comunión que puede que le refuerce y vigorice un catolicismo que nunca había abandonado del todo, aunque no fuese practicante regular. Sin embargo su devoción a la ruta jacobea en sí me parece separada de su fe católica; esa autonomía de la peregrinación, incluso en católicos practicantes, me sigue desconcertando. Como si el Camino tuviese vida propia y tuviese sentido por sí mismo, casi sin finalidad. Es un poco desconcertante.

Pienso en esas vidas privadas anónimas de las ciudades, un año entero de vacío, falta de sentido y de comunicación, que la adicción al Camino puede llenar en un mes, iluminando otro largo invierno.

Páginas anteriores, las tres edades atraviesan el territorio hacia el Oeste

Al salir del albergue ya es de noche y la luz cálida del interior sugiere el resplandor de un lar para caminantes, un doméstico faro para guiar y proteger de la noche. El hospitalero se sabe pequeño ángel protector y "está feliz".

El espíritu franciscano

Por la mañana el Camino asciende desde Nájera, el firme ha sido limpiado, arreglado y cubierto de zahorra, estaba destrozado por los años y tractores. Pasa al lado de una gran cuadra de cabras de hedor fuertísimo y entra en campo abierto; aire fresco y oloroso de un día nublado. A lo lejos, en paralelo, el ruido del tráfico; por allí corre el mundo. El silencio del Camino.

Viene de vuelta en dirección contraria un hombre mayor de pelo y barba cana, se ha olvidado en el albergue las sandalias, que son muy importantes cuando se necesita descansar de las botas de caminante. Tendrá que desandar tres kilómetros hasta el albergue y volverlos a subir. El fotógrafo lo lleva en el coche mientras yo sigo hasta el lugar donde le aguardan su hija, Silvia, que vive en Estados Unidos, y la nieta de dos años que viaja en un sorprendente cochecito resistente a todo tipo de firmes que empujan ambos por turnos.

Desde Brasil a través de
La Rioja

Es algo nuevo desde hace pocos años la peregrinación de familias con hijos muy jóvenes. Más tarde nos adelantarán una mujer joven y guapa con un hijo y una hija de siete y ocho años, uno a cada lado. No sé si los niños entienden lo que hacen, ni sé si es bueno para ellos, malo tampoco será más allá de las molestias en los pies. Ignoro si es afán de sus padres por compartir con los hijos una experiencia religiosa, o deportiva, o una oportunidad de convivir juntos y estrechar lazos; o si simplemente no tienen con quien dejarlos. En todo caso seguiremos viendo a lo largo de la ruta cómo algunas familias, marcadas por la época de vacaciones laborales y escolares, se han echado al Camino. Veo que son adultos que quieren a sus hijos, así que, aunque también veo el cansancio de los niños, me parece una estampa hermosa.

Japonesa de Brasil en un camino lejano

Al fin vuelve el hombre de las sandalias, se llama Octavio, ha hecho el Camino otras veces y ahora viene peregrinando desde Roma. Su hija y su nieta se le han unido hace dos etapas y sólo lo harán hasta Astorga, luego tendrán que irse de vuelta a Estados Unidos.

Atuendos reglamentarios

Octavio, a diferencia de la mayor parte de los peregrinos de hoy, viste de modo discreto, con un toque franciscano. Hoy ha desaparecido el estilo personal en el arreglo sustituido por las marcas de empresas multinacionales del deporte y los peregrinos no son una excepción, su impedimenta, sus ropas y calzado de vivos colores son los de cualquier deportista. Bien equipados de ropas y buen calzado con *gore-tex*, portan junto a la vieira los anagramas de Adidas, Nike, Reebook..., esos tatuajes que nos imponen. Qué mal lo debieron pasar los peregrinos en invierno antes de que se inventase el *gore-tex*.

Cualquier persona que camina, por la razón que sea, con su impedimenta a cuestas desde Roncesvalles o Somport u otro punto distante a Compostela merece un respeto,

El caminante en el vacío

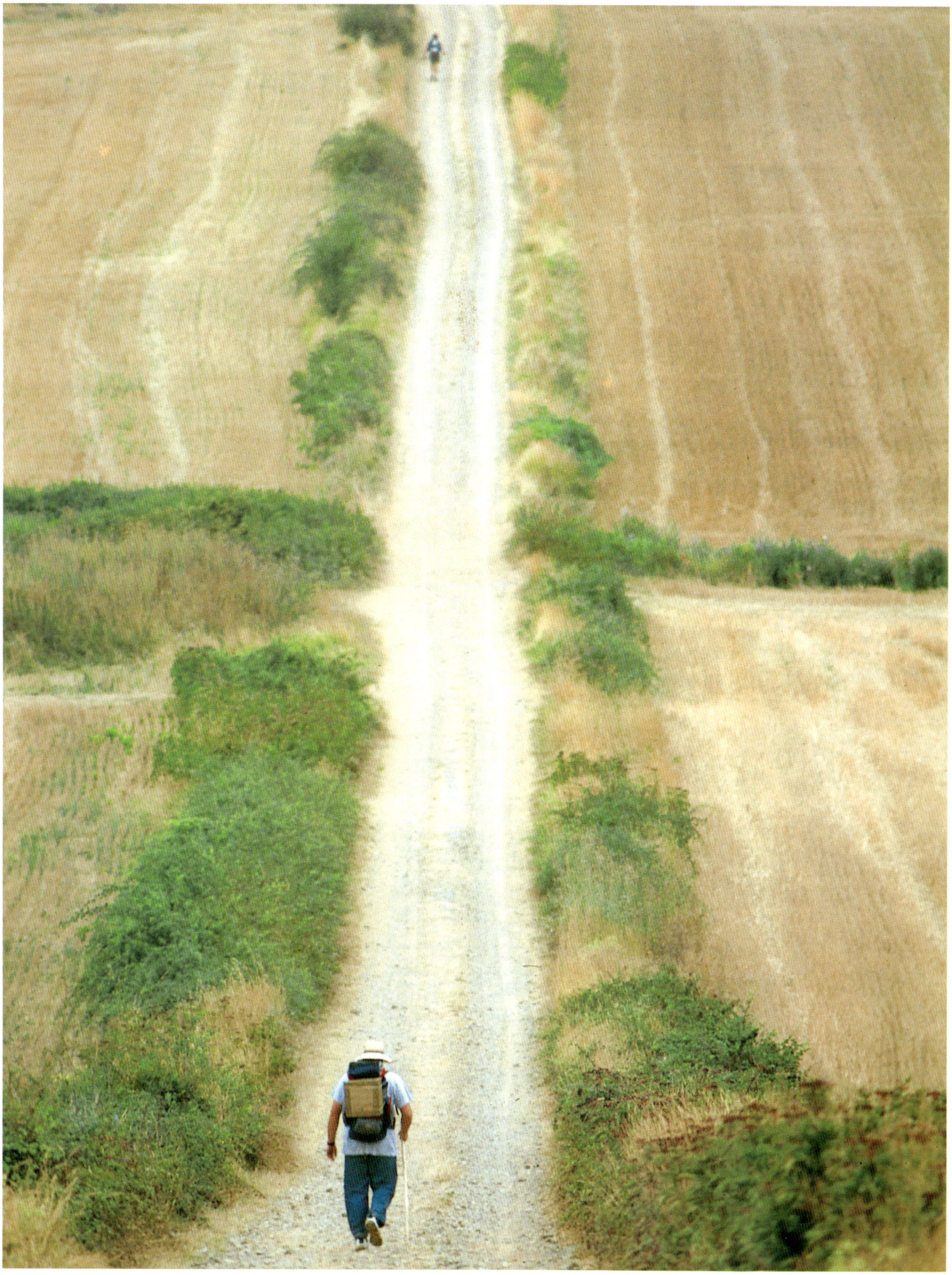

es un gran esfuerzo físico y moral. Sin embargo luego de tropezarse con abundantes peregrinos que no saben lo que buscan, o que caminan por razones culturales o espirituales, sinceramente alegra encontrar a alguien que peregrina sabiendo por qué lo hace y dentro de una liturgia que le da sentido a cada estación y cada esfuerzo.

Los atributos, los amuletos, los fetiches piadosos

Religiosidades 'prêt à porter'

El Camino, especialmente en verano, se llena de personas que peregrinan entre otros motivos por una búsqueda espiritual ambigua, ésa es la contestación más frecuente. Espíritus que habiendo roto con las viejas religiones heredadas buscan algo a que agarrarse, ¿a qué engancharse? Las personas de este tiempo somos indecisas y exquisitas, todo tiene pegas para nosotros, nos cuesta aceptar lo que hay y abandonarnos entregándonos a algo; siempre queremos una puerta para la retirada. Gente fabricada para un tiempo sin religión, porque la religión es certidumbre y abandono. Y de ese modo hay tanta gente coqueteando con religiosidades blandas, que se pueden utilizar desde la privacidad, sin necesidad de formar parte de una comunidad, y que no obligan a un compromiso específico.

Octavio encarna bien la devoción cristiana, no diría que tradicional porque en España se puede malentender, más bien diría el cristianismo profundo. Y vive el cristianismo con tanta intensidad porque no lo ha heredado, se lo ha ganado; un temperamento religioso que, siendo educado en un hogar agnóstico, lo fue orientando en la vida hacia la piedad cristiana.

Romero y peregrino

Viene andando desde Roma, romero, casi siempre por el borde de la carretera. En el norte de Italia donde los caminos de la vieja *vía francígena* que en su día fueron cuidados y protegidos por la orden del Tau, o de *San Jacopo di Altopascio* de la ciudad de Lucca, hoy están casi perdidos y la peregrinación es muy difícil. Están empezando ahora a recuperar el trazado de la ruta. Observo que Octavio lleva colgada la cruz en Tau, muy querida también de los franciscanos y característica del bastón del Apóstol, con el que está representado en el Pórtico de la Gloria y casi siempre que está sedente.

El ángel del Camino

Cuando ha bajado del providencial coche con sus sandalias ha bromeado sobre el ángel del Camino. No cree exactamente en ello, aunque en ocasiones ha parecido que hubiese algo semejante. En Pavía llevaba anotado el teléfono de una persona que lo acogería, resultó que había copiado mal el número y no pudo establecer contacto; al salir de una capilla románica dedicada a Santiago un conductor detuvo el coche al verlo con la mochila y la concha de peregrino, le preguntó dónde iba y Octavio le relató su situación, tenía mal copiado el número de teléfono de un hombre llamado Jacopo. "Soy yo", le contestó el otro.

Relata otras anécdotas semejantes. Le pregunto si alguna vez ha creído reconocer al diablo saliéndole al Camino y se muestra más incómodo, en su mundo no hay lugar para la personificación del mal, "creo en el Dios de las Bienaventuranzas". Su hija, mochila al hombro, empuja la silla de la niña que ahora va dormida; se turnan. En la loma un cazador, en brazos la escopeta, y dos perros; pasamos, silenciosos e inermes caminantes espaciados, entre los cazadores a un lado y el tráfico al otro.

La política y el turismo

Su impresión desde que entró caminando en España es que el Camino ha cambiado desde que entraron las instituciones, los políticos; desde que entra en España es turismo, dice. En Italia están entrando ahora y también le afectará. Uno admira y comprende su búsqueda de autenticidad, de aventura moral, pero no puede dejar de ver también que la entrada de las instituciones con el dinero público permite que existan albergues como el de Nájera donde ha pasado la noche confortado y que sin ese apoyo mínimo no podrían acompañarle su hija que ahora camina con la niña de la mano obligándola cariñosamente a caminar. Prefiero no decírselo, todos tenemos derecho a refugiarnos en la melancolía, la patria más íntima.

Nos adelantan dos hombres y una mujer que son de Santiago, hacen el Camino paradójico. En otra circunstancia los habría saludado y eso, pero uno aquí no sabe qué decir, ellos están a otra cosa tan distinta; como lejos.

Dolor por dolor

Octavio comenzó a hacer el Camino a partir de su experiencia cuidando personas con parálisis graves, ofreció su dolor de caminar por el dolor de las personas que no pueden hacerlo. Camina por ellos. Ha perdido catorce kilos desde que salió de Roma por ellos, cruzó la frontera de Italia con doscientas liras y la de Francia a España con seis francos por ellos, ha dormido en pajares y bajo portales por ellos. Y la ley que le tiene es tanta que piensa quejarse a la Conferencia Episcopal de cómo tienen abandonado el Camino. En la última reunión de obispos del Camino de Santiago lo declararon Patrimonio de Fe, sin embargo Octavio ve que cada vez hay menos sacerdotes atendiéndolo.

La Iglesia católica en el Camino

Desde luego resulta curiosa la poca presencia de la Iglesia católica, los templos casi siempre cerrados en los meses de mayor peregrinación, como si se hubiese retirado del Camino dejando ahí sus posiciones defensivas, campanarios y torreones desocupados. Quizá sea sólo un reflejo de la falta de vocaciones sacerdotales que deja a las parroquias sin párrocos. También puede reflejar una cierta falta de verdadera fe en parte del clero, es propio de los funcionarios de plantilla el ser escépticos, los más entusiastas suelen ser los que están lejos o en los bordes.

Octavio reacciona echándole un capote a la vida sacerdotal, la soledad y la dureza de la vida de algunos párrocos que él ha visto en lugares apartados. Aunque reconoce que a veces a él mismo lo han hecho llorar, "hasta una vez los franciscanos allá en tu tierra"; hasta sus queridos franciscanos.

Una encrucijada de caminos, donde solían aparecerse las brujas y el diablo cuando lo había, aunque quizá en este territorio que es el Camino aún lo haya, quién sabe, y

Maternal iniciación al sacrificio

no sabemos hacia dónde dirigirnos. ¿Dónde está la flecha amarilla? Nos paramos desorientados a buscarla. Al fin, entre unas zarzas que han crecido en los últimos meses, aparece una flecha amarilla recortada en lámina de hierro y clavada en la tierra. Con el bastón, Octavio limpia de zarzas la señal y continuamos; la niña vuelve a subirse a la silla y su madre acepta que coma un chicle, "ya es una niña grande y sabe escupir los chicles cuando ya no saben bien, ¿verdad que sí?".

Fe, penitencia, encuentro y esperanza

Para él la peregrinación es un camino de fe, de penitencia, de oración y un encuentro con uno mismo, un desnudamiento, y también un encuentro con Dios. Es también una lección de esperanza en la Resurrección.

Alegra mucho escuchar estas palabras, que uno ha escuchado de niño como huecas, en alguien que las pronuncia con fervor sereno mientras suda su acto de fe. El problema dramático de toda Iglesia es dar testimonio en la práctica de lo que predica; falta el ejemplo. El mensaje evangélico es un mensaje radical y pierde su fuerza al ser meramente expuesto como una doctrina y una catequesis.

El almuerzo en la hierba

Paramos a comer algo en la hierba seca; el pan, un poco de fuet, una pera, las navajas... El silencio; de cuando en vez ecos de disparos de cazadores. Pasan varias mujeres de Brasil, una es del sur, la parte más rica, es alta y enjuta, vestida casi con traje reglamentario de peregrino, se le adivina una raza y una vida de clase alta. Junto a ella dos mujeres de raza oriental, son brasileñas de raza japonesa, católicas de Sao Paulo.

Nos alcanza el fotógrafo con el coche, él también se quedaría allí echado en la hierba para siempre. La envidia de aquellas personas en su viaje sereno. Pero nuestro papel es merodear, además mi compromiso es mantenerme fuera del Camino, no quiero que me implique excesivamente. Cada uno vive su destino, así que nos despedimos y seguimos en el coche para desviarnos a los monasterios de San Millán, que no están en el Camino de los peregrinos pero que formaron parte de esa ruta hacia el

Suso, la cueva monástica

Occidente, por donde se extendió la civilización de aquella Europa cristiana y germana que envió hacia aquel centro en el Finisterre el románico, verdadera oleada de difusión tecnológica, cultural y repobladora lanzada desde Aquisgrán y Cluny, más tarde vendría la reforma unificadora y centralizadora del císter en torno a Roma.

Monasterio solitario

El monasterio de Suso, en lo alto de un monte, tan primitivo y delicado, está construido en un cruce de influencias germánicas, mozárabes y románicas a partir de las cuevas en que construyeron su cenobio san Millán y sus discípulos. Imaginamos que su religiosidad inevitablemente llevaría dentro un cruce de influencias semejante al de la arquitectura posterior.

Gran confort para exclaustrados

Está en obras de restauración, seguro que va a haber sinceridad arquitectónica. "Prohibido subirse a las tumbas", avisa un letrero; menuda es la gente. Este lugar tan apartado, un útero de religiosidad primitiva, como todos los conventos también fue clausurado con la Desamortización de Mendizábal, en 1835. La Desamortización fue la única gran medida revolucionaria y modernizadora de la economía de la Corona española, supuso el fin de la Iglesia como codicioso poder económico, el fin del casi feudalismo y la liberalización del campo; sin duda una medida muy valiente e imprescindible. Sin embargo, envuelto en este lugar de montaña y piedra, cómo no representarse el miedo, el dolor y el desconcierto de aquellos monjes expulsados de aquel pequeño mundo de piedad ordenada al mundo exterior; después de vivir años, quizá la vida entera, en un tiempo medieval aterrizar en su siglo secularizado.

En el valle está el ostentoso monasterio barroco de Yuso, que está metido de lleno en obras; el año que viene esto va a ser la Expo. Allí queda en la fachada el Santiago Matamoros. Viendo esta arquitectura avasalladora en un país pobre la verdad es que el Mendizábal me cae bien.

Las campanadas de la tarde en Santo Domingo de la Calzada.

El espía, el gallo y la gallina

Santo Domingo de la Calzada es una villa muy bonita y bien cuidada con gran cantidad de turistas en el verano, de hecho tienen una buena oficina de turismo muy amablemente atendida. Estamos tan acostumbrados a la brutalidad en el trato al público que nos sorprendemos de la amabilidad. Santo Domingo es un pueblo tranquilísimo que vive de la agricultura el resto del año. Ahora están con la temporada de la recogida de la patata y han venido temporeros con sus familias que acampan durante quince o veinte días en las afueras. La leve sombra en la vida del pueblo de un incidente ayer en un bar con alguno de estos temporeros, "hay de todo, ya sabe".

El Camino entra como siempre por la calle Mayor. El albergue de peregrinos está en la Casa de la Cofradía, un edificio imponente en el centro del pueblo. En el portal una imagen del Apóstol inspirada en Belfegor. Temporeros; antes se les llamaba gitanos, golondrinas de paso, secretos y míseros.

Me dirijo a un cura de barriga tremenda que pasea y curiosea por la plaza a preguntarle si sabe a qué hora hay misa. Le pregunto y responde: "¡Ni idea!", negando mucho con las manos. Me extraña su reacción y me pregunto si no será un espía de otra religión disfrazado de cura católico. Le digo que se parece mucho a Escrivá de

Balaguer, es cierto. Él no quiere parecerse y niega de nuevo con gestos de las manos. Insisto en que se parece, pero él no está interesado en ese parecido y se escabulle. Para mí que es un espía, quizá de Roma, en el Camino parecen menudear los espías.

En la iglesia están el gallo y la gallina vivos en una jaula, no me lo creía pero es verdad. Me encanta esta gente que hace cosas raras. De todos modos no creo que ni uno ni otra sean los del famoso milagro.

Templo tumultuoso

La iglesia de Santo Domingo es una romería, no para de entrar gente que se pasea con toda tranquilidad, todo el mundo deambula y nadie reza. Pasan peregrinos en sandalias, el calzado para los pies hinchados al llegar al albergue y acabar la jornada.

Una peregrina catalana y su hija de dieciséis años descansan sus pies sentadas en un banco y aguardan a que empiece la misa. Muchos jóvenes paseando por la iglesia, todos muy preparaditos, hay aquí cierto rollo juvenil que uno no entiende; serán veraneantes. Una mujer vestida de blusa y pantalón azul fucsia ceñidísima por arriba y por abajo, tacones altísimos, ombligo al aire, morro rojo brillante, no sé bien como decirlo... Va acompañada de unos señores que deben de ser sus padres, ¿pero es que no la ven? Supongo que hacen como que no ven, "déjala, ahora es normal, no seas anticuado. Van todas así".

El caso es que no me cabe duda de que su presencia es perturbadora en la iglesia, que distrae la atención y que además va a provocar pecados aquí dentro, los malos pensamientos aquellos; sin duda. Lo curioso es que seguro que ella también va a misa, se confiesa, comulga y todo. Son las peores. Ah, la lascivia, qué pecado.

Menús de peregrino en Santo Domingo

Anda, mira, las dos italianas, la arquitecta y su amiga, ¿pero no decían que se iban a Bilbao a ver el Guggenheim? ¿Serán espías también? Suena un teléfono móvil escandalosamente y un fotógrafo sale pitando avergonzado.

La gente, muy arreglada, me mira al verme vestido de aquella manera escribiendo de pie a la puerta de la iglesia, un nuevo tipo de pobre, pensarán. Este es un pueblo turístico, sin duda, y vienen a misa. No, se asoman, ven que hay misa y salen. El cura debe de estar negro.

En la calle Mayor es de noche, un letrero en un balcón: "Se venden jaulas de gallinas baratas. Teléfono...". Santo Domingo duerme en esta noche agradabilísima y tranquila.

A las siete y cuarto de la mañana, con un cuarto de hora de retraso, abre una monja las puertas de un convento; la vida secreta de los conventos sigue sus propias horas, resistiendo tenazmente como puede el embate de la hora digital de este siglo.

Redecilla del Camino, la cotidianeidad del pueblo y los que pasan

Y pasamos de La Rioja, con una agricultura de huerta bien cuidada que está creando una economía bastante próspera, a tierras castellanas más pobres. Se puede decir que aquí empieza otra parte del Camino.

Empieza Castilla en Redecilla

Hoy la carretera se desvía del centro de Redecilla del Camino, pueblo muy pequeño que ya pertenece a Castilla, por donde pasa el Camino a través, la calle Mayor. A la entrada del pueblo, que parece ignorar que es de día y continúa durmiendo el sueño de los siglos, una caseta de información turística donde nos sella y atiende una joven que distrae el aburrimiento leyendo una novela de misterio. "Muchos extranjeros, sobre todo brasileños." Un poco más adelante, dentro de sus calles vacías, un Centro de Información Turística. Sorprende ver las inversiones en turismo que se están haciendo. Allí está la iglesia de la Virgen de la Calle que guarda una pila bautismal románica bien digna de ser vista.

Pero habiendo tanta oficina en el pueblo ver la citada pila no es llegar y besar el santo, hay que preguntar en alguna casa hasta que una mujer joven va a buscar al hombre de la llave.

El irretratable hombre de la llave

El hombre de la llave es un anciano que no se deja fotografiar, "para que voy yo a andar colgado en el bolsillo de nadie luego o a estar puesto en una pared"; sabe bien lo que hay de violencia en una fotografía, sabe que todo tiene un precio y que dejarse

Pila bautismal de Redecilla, significados ocultos tallados

arrebatar algo por la cámara tiene un precio mágico y le teme. Si se le pregunta el nombre también se evade, "¿y para qué lo quiere saber?", y también tiene razón. Pero nos enseña una foto que le han enviado unos turistas alemanes, le pidieron que posase, él se volvió en ese momento y salió en la foto de medio lado, "fíjese que bonita, se me ve el perfil"; a pesar de su sabiduría también nuestro hombre se ha dejado fascinar por el fetichismo de la fotografía, creo que en el fondo, aunque teme, también le gustaría ser fotografiado. Nadie escapa al siglo, ni aun los más sabios.

La pila está hoy en un cuarto que tiene un tremendo suelo de baldosas de cocina pobre. Es robusta y la piedra está tallada con figuras de castillos. El hombre, que se ha quitado la gorra, nos señala las torres y nos explica a su modo el sentido del número ocho, el número de las torres, muerte y resurrección. "Mire, fíjese en la serpiente", es cierto, escondida en la misma base una serpiente enroscada de piedra acecha. Uno no acaba de creerle, pero el hombre tiene un peculiar modo de hablar diciendo y no diciendo, dando a entender que sabe significados ocultos de todo aquello que no va a revelar hoy. En lo suyo, a mí me parece un artista; visto, no visto.

Esta mañana ya han estado preguntando por la pila unos franceses y unos belgas. Al salir de la iglesia reparamos en un órgano impresionante que ya han decidido restaurar para el año próximo. El año próximo, si les dejan, el Camino va a ser una Disneylandia, un espectáculo audiovisual.

Camino mundial

El Camino continúa ahora por la orilla de la carretera y a nuestro lado caminan multicolores personas de Nueva Zelanda, Canadá, Australia... Esto coge aires de Commonwealth; cuando no de ONU. Si se mantiene el aumento progresivo de

Desde Dinamarca, reabriendo caminos

Los lugares recorridos tatuados en la concha, los atributos de origen personas de fuera de Europa que peregrinan inevitablemente el Camino de Santiago irá cambiando su carácter, es lógico pensar por ejemplo que la conexión *brasileira* acabe por introducir elementos nuevos y marque de algún modo el folclore de esta peregrinación. En todo caso está dejando de ser europeo para ser casi planetario.

Nos acercamos a San Juan de Ortega a través de un bosquecillo bajo de abetos repoblados que se prolonga unos seis kilómetros, y lo hacemos a lo largo de una excursión de mujeres alemanas que se han bajado de un autocar junto a la ermita de Valdefuentes y, con un guía armado de un buen cayado al frente, avanza en grupos desperdigados. Confundidas en el medio van una mujer australiana de raza caucásica y más adelante su hija que es de raza oriental, el padre es japonés.

Reabriendo viejos caminos

Un alto en las vidas para atravesar entusiasmadamente Europa

Ya cerca de San Juan alcanzamos a una pareja de daneses, Karen y Bent, que vienen desde Copenhague, llevan más de cuatro meses caminando, les faltan unos quince

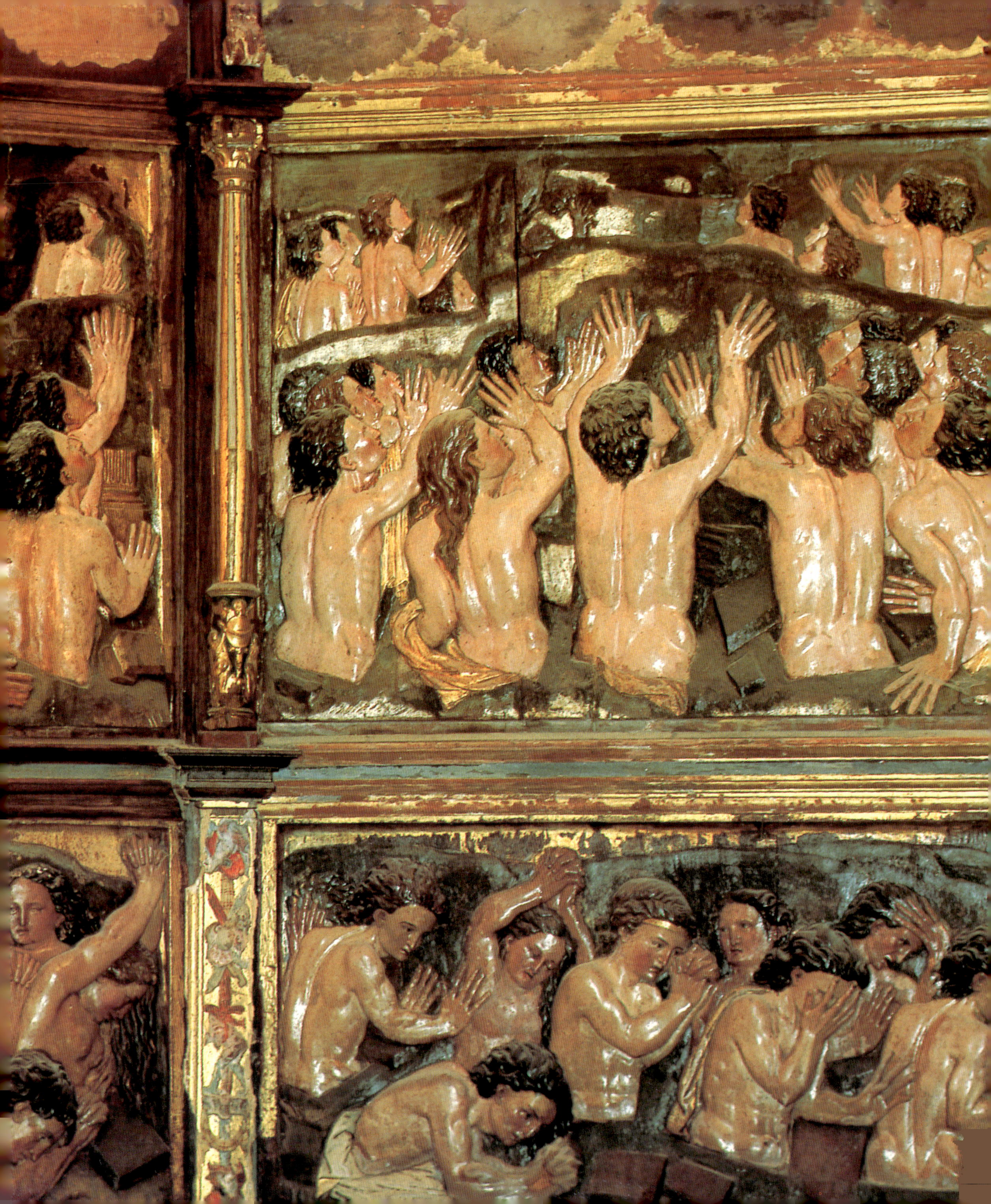

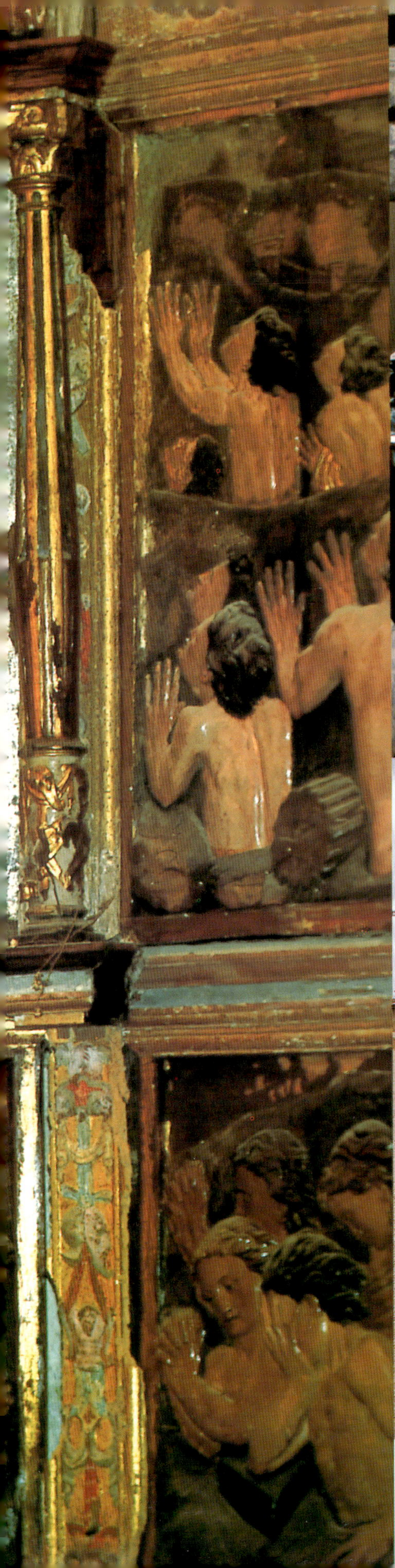

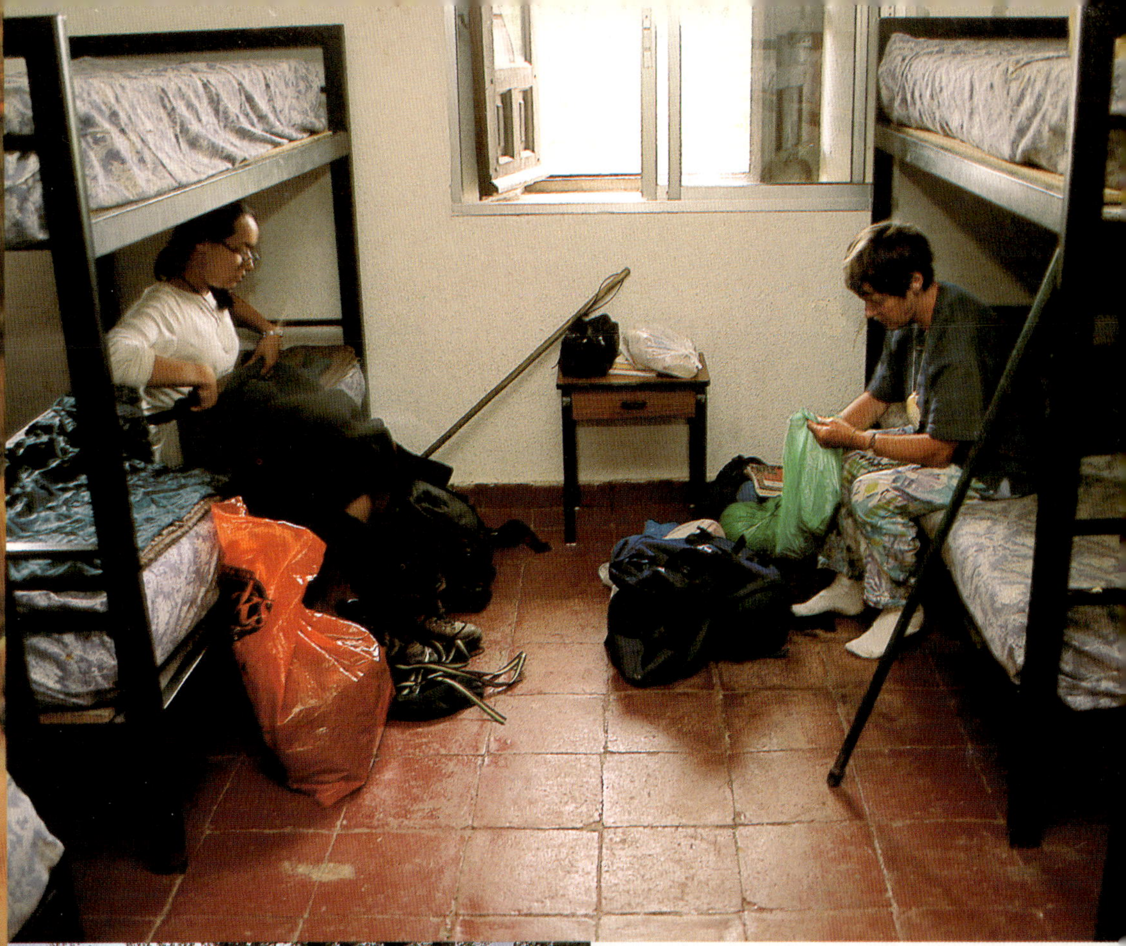

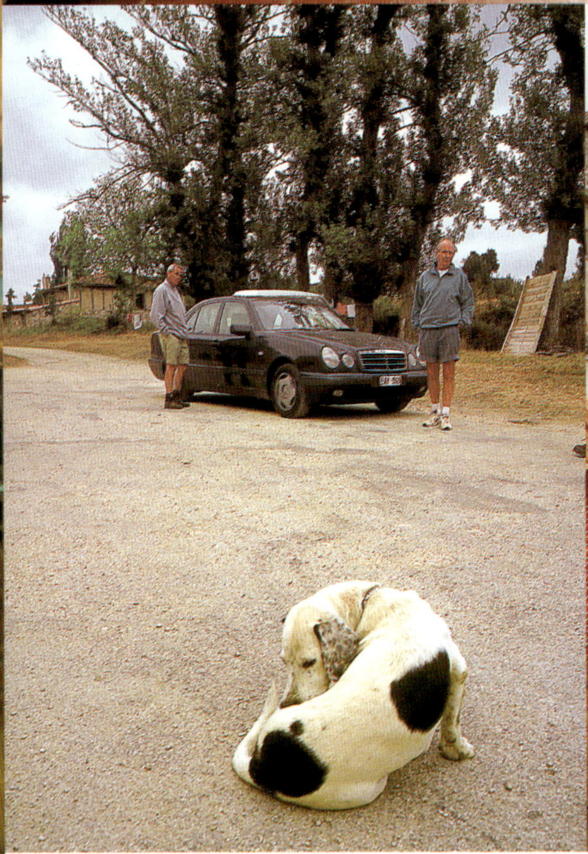

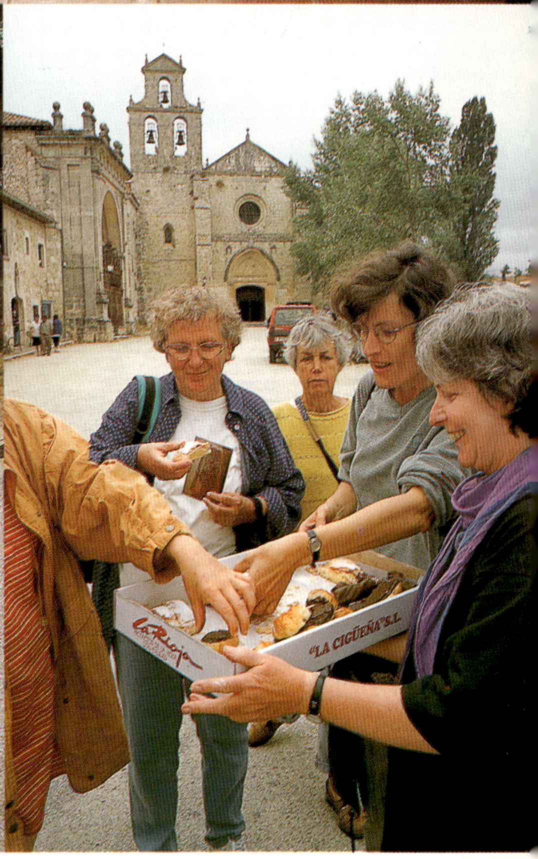
La Rioja
"LA CIGÜEÑA" S.L.

días para llegar a Santiago y están eufóricos. Es tal su alegría que sorprende y contagia, a uno le cuesta creer que hayan venido así todo el Camino, imagina que la euforia se está adueñando de ellos al aproximarse a Santiago. Nos cuentan entusiasmados su aventura enseñando varios mapas y los caminos atravesando Estados europeos. En Alemania muy hermoso el paisaje, mal la gente; en Francia mal todo; en España bien el paisaje, bien la gente. Dicen ser los primeros que lo hacen desde la Reforma protestante, están reabriendo la antigua ruta de peregrinación. En ese momento no sé separar lo que hay en ellos, una médico y un profesor, de espíritu deportivo y lo que hay de piedad cristiana. Bent dice que los mueven razones espirituales y religiosas, creen en la unidad de todas las creencias en una única verdad. Un moscón vuelve a rondarnos. Se despiden pintándome Bent en la libreta una cruz con la palabra "*pax*" cruzada dentro de izquierda a derecha y de arriba a abajo.

San Juan es bello

Llegar a San Juan es muy bello. La luz de estas dos de la tarde es gris; la hermosa iglesia, las dependencias del antiguo convento en desuso y unas pocas casas, todas menos una deshabitadas en invierno, con caminantes vestidos de colores deambulando en los alrededores... todo compone una escena en tempo lento. Dos jóvenes peregrinos lavan su ropa sucia en un pilón.

En el interior de San Juan de Ortega la gente habla en voz baja, aunque no hay luz en el sagrario. Llegan Karen y Bent y se pasean por el interior con pasos seguros que no denotan cansancio; sus cuerpos se han transformado seriamente desde que abandonaron Copenhague. Al fin se sientan en un banco de piedra, uno al lado del otro y se recogen, la cabeza baja y las manos juntas para orar; despejo mi duda, su peregrinación es religiosa. Me gustaría saber qué otra razón que no me han contado hay para hacer su dura peregrinación; casi siempre hay una razón que se trae guardada, una penitencia y un ruego por algo doloroso que no se cuenta.

Magia de cantero

San Juan tiene un capitel famoso que representa en figuras de piedra la Anunciación y en el que en dos ocasiones al año, en el equinoccio, colabora el sol enviando un rayo de luz que se posa en el vientre de la Virgen. Un pequeño milagro obsequio piadoso de los maestros canteros con sus saberes secretos. Dos ancianas francesas muy

Páginas anteriores, retablo con resucitados en San Juan de Ortega; acomodándose antes de cenar sopas de ajo; coche de lujo y el perro aldeano, Calixto, que acompaña a los peregrinos, Francia come magdalenas en San Juan de Ortega

Tecnología alemana aplicada a peregrinar con recién nacidos

Hacia el Oeste y hacia el cielo

menudas, otra excursión, señalan y comentan entre ellas los detalles. Detrás de ellas muchas figuras de hombres y mujeres en un curioso retablo de madera extienden sus brazos aclamando o suplicando entre escombros a la Virgen con el Niño rodeada de Apóstoles, sobre ella Cristo. Una representación del Día del Juicio que no da esperanza, da miedo. La religión del miedo.

Un cartel, "Queremos conservar este conjunto histórico. Ayudadnos". No lo firma nadie, así que será de la parroquia, algo bien legítimo pedir ayuda a quien lo visita, sea peregrino o turista. Con todo, desconcierta lo de conjunto histórico referido a un templo, y además por parte de la propia iglesia. Como le pasa al Camino de Santiago, se interfieren y se confunden inevitablemente las distintas dimensiones de un mismo lugar, arte y turismo, templo y devoción. Hubo un tiempo donde también concurría la dimensión del poder, la iglesia era fortaleza feudal y la predicación era ejercer el poder; ese tiempo todavía lo hemos conocido muchos. Los antiguos súbditos de la Iglesia hacen hoy turismo y la fotografían.

Al lado del autobús alemán que viene a recoger a las excursionistas tienden la ropa recién lavada los peregrinos. Una peregrina y su marido echan a andar, ella se vuelve y se despide de dos muchachos jóvenes que hoy se hospedarán aquí en el albergue que fue antes convento, "que os vaya bien en el Camino y en la vida". Hermosa despedida. ¿Serán estas personas siempre así de hermosas o es el estar dentro del Camino que las vuelve así?

Una casa de labranza, la única que queda abierta, se defiende como puede de la presión de los visitantes con un letrero en la entrada que avisa de que allí es un domicilio particular.

El hospitalero del albergue es un muchacho de unos diecisiete años, parece buen rapaz y alegre, no es de ninguna Asociación de Amigos, es de Burgos y está allí porque se lo ofreció el cura y él se animó. También él está tentado a su modo por el Camino, cuando llegan grupos de jóvenes y luego se marchan riendo contentos él siente ganas de unirse a ellos. El joven hospitalero de Burgos ha descubierto aquí el mundo como un río de gentes diversas y buenas; quizá el mundo no sea todo así, le digo. Sólo le ha molestado ver peregrinos vascos o catalanes que hablasen su idioma entre ellos en vez de hablar en castellano, también ha descubierto que había gentes así. Amago a explicarle que no debiera parecerle mal, nadie habla un idioma distinto del suyo para molestarlo; él manifiesta buena intención pero no acaba de aceptarlo o de entenderlo. Mejor dejarlo, es buen muchacho y, como todos, también él está dentro de los condicionantes de su tiempo y de su país.

La sopa del peregrino

El albergue está en el convento que tiene un claustro tan pequeño y gracioso que parece patio de vecinos. Aquí el cura tiene instituido dar una sopa de ajo a los peregrinos a las ocho después de la misa de bendición al peregrino a las siete. Pero el albergue, que no cobra, parece tener problemas, un cartel dirigido a los peregrinos a su entrada informa de que "no estamos nada contentos con la colaboración que prestáis para que el refugio cumpla con su cometido", y avisa de que no podrá seguir ofreciendo cena y desayuno si no colaboran.

El asunto de los albergues es variado y un poco confuso a lo largo de la ruta, los hay municipales, autonómicos, parroquiales o dependientes de un convento... En todo caso es claro que la acogida al peregrino nace de la militancia del Camino y de la devoción de la peregrinación. Pero hoy la figura tipo del peregrino ha cambiado mucho, hoy caminan miles de personas cada año, y los peregrinos han pasado de ser esas ocasionales y solitarias gentes extravagantes y desarrapadas a quienes se miraba con curiosidad, chanza y hasta reprobación por desafiar los ideales de vida pequeño burguesa, a ser personas vestidas con ropas de marca y bien equipadas para andar a quienes se mira con simpatía. Casi es chic ser peregrino.

Los albergues

El caso es que muchas de estas personas caminan por la propaganda de un turismo cultural barato, quizá vagamente espiritual también, es decir, andan el Camino sin salirse de la cultura del mundo de donde vienen. Quizá sea cierto, como cree alguna gente, que el Camino los va cambiando y haciendo humildes, y cansados, pero mientras tanto hay choques con la cultura de estas instituciones que son los albergues. Algunos hospitaleros se lamentan de que hay peregrinos que se quejan de tener que pagar algo o reclaman por el estado de las instalaciones, como si los hospitaleros fuesen empleados a su servicio.

No podría opinar, he visto casos de peregrinos con mentalidad de parásito exigente y también he visto hacia ellos actitudes paternalistas y autoritarias en algún refugio. Me ha parecido ver también una buena dosis de generosa entrega al ideal de la peregrinación en otros lados. El Camino, también en esto, es variado, discontinuo y lleno de sorpresas.

Delante del portal duerme el perro *Calixto*, que ya ha salido en el periódico de Burgos por acompañar a los peregrinos hasta la ciudad, 22 kilómetros, y luego volver.

Al lado, el mundo

A un lado del albergue está el mundo profano con sus tentaciones (la gula y poco más, creo yo), el bar de Marcela. Marcela reclama su derecho a tener su negocio y despachar bebida y comida en el tiempo de verano, que es cuando hay gente. Delante del bar tiene sus mesas y sillas de propaganda de la acreditada y omnipresente casa americana de bebidas carbónicas Coca-Cola, nos muestra orgullosa también las sombrillas a juego y amenaza, obsequiosa, con abrir e instalarnos una. La disuadimos como podemos, que no hemos venido hasta San Juan de la Peña, que tanto nos ha gustado, para contemplar la proganda de una empresa americana. No sé si nos comprende, pero lo deja estar y nos sirve una botella de vino tinto, una tortilla de chorizo y unos huevos con morcilla de arroz de la que está muy orgullosa; el precio es económico y la comida sabrosa pero nuestro estómago lo pagará caro el resto de la tarde.

El peregrino oficial

En el interior, además de la televisión y algunos paisanos bebiendo coñá, una foto dedicada de Marcelino Lobato, el peregrino de la paloma que reaparece aquí. Es

Señal insólita

inevitable que el Camino vaya creando un nuevo folclore hortera y pachanguero a su alrededor, los tiempos siempre mandan, y está en disputa una plaza de peregrino oficial que será algo así como Manolo el del Bombo del Camino de Santiago. José Manuel, el hijo de Marcela nos trae a colación a otro serio aspirante a la plaza, Zapatones, un hombre que se viste de peregrino en la plaza del Obradoiro y que posa en las fotos y conduce a turistas a restaurantes que le simpatizan. También tienen una foto de él, también ha estado aquí. José Manuel nos explica que Zapatones es "el espía de Fraga. Como Fraga no puede inspeccionar todo el Camino, viene él a ver como está todo. '¿Qué has hecho con aquellos millones que te han dado de subvención?". En fin, ¡¿qué sería del Camino sin pícaros?! También ellos tienen que vivir, que todos pagamos contribución.

En una mesa se juntan algunos peregrinos del albergue, sólo piden bebida, la mujer australiana bebe vino tinto y se ríe, su hija oriental sonríe. En otra mesa un peregrino alemán come las patatas fritas con las manos, el perro *Calixto* a mi lado gime, un ladridito para que le eche las cortezas de queso de Palencia. En la mesa de al lado, veraneantes de Burgos, limpitos y arreglados, se cachondean de los peregrinos llamándoles rocieros; ahora discuten sobre la carne, "si a los cabritos les llaman lechazos pues en este país no se puede". Tienen razón. El peregrino alemán de las patatas me pide prestado *El País*, se lo paso y busca la información de la Bolsa. Parece que la cosa va bien.

Llega una pareja joven con una niña de cinco meses, son profesora y arquitecto y la niña se llama Ronja, la traen en un asombroso carrito con gruesos amortiguadores y ruedas anchísimas, una especie de 4x4 para bebés con tracción animal. Se acercan a celebrarlos

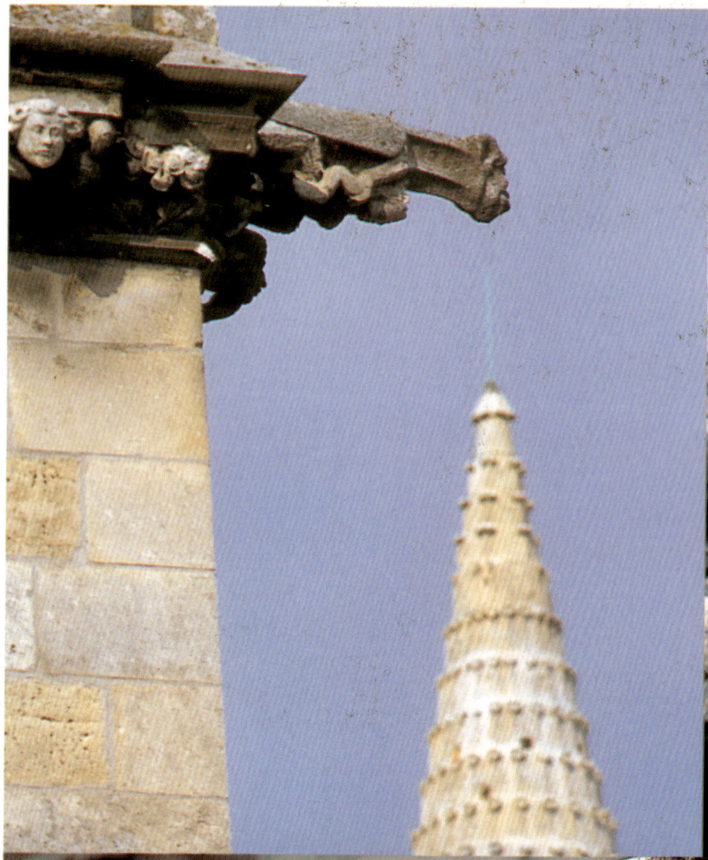
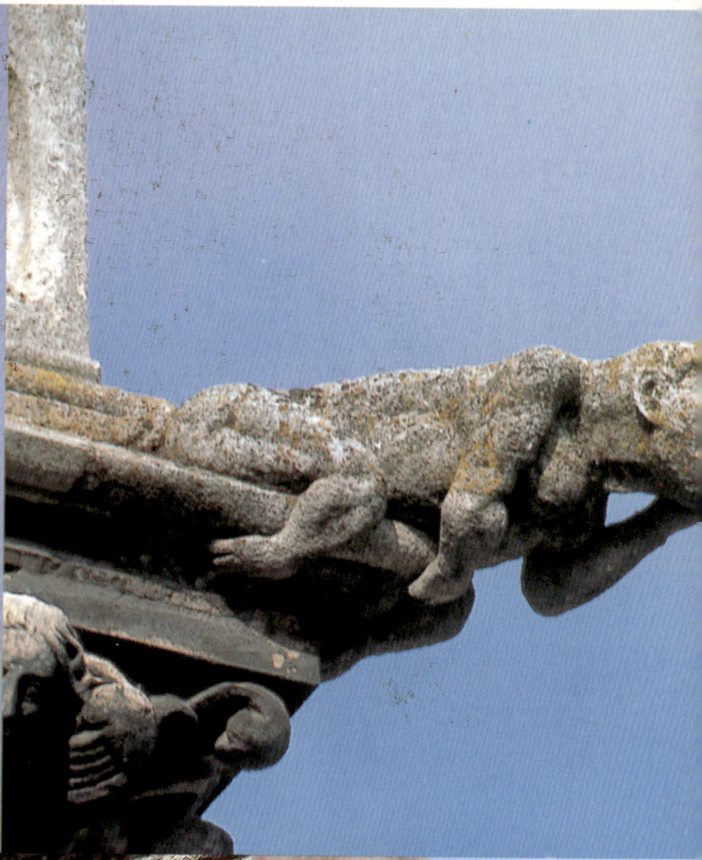
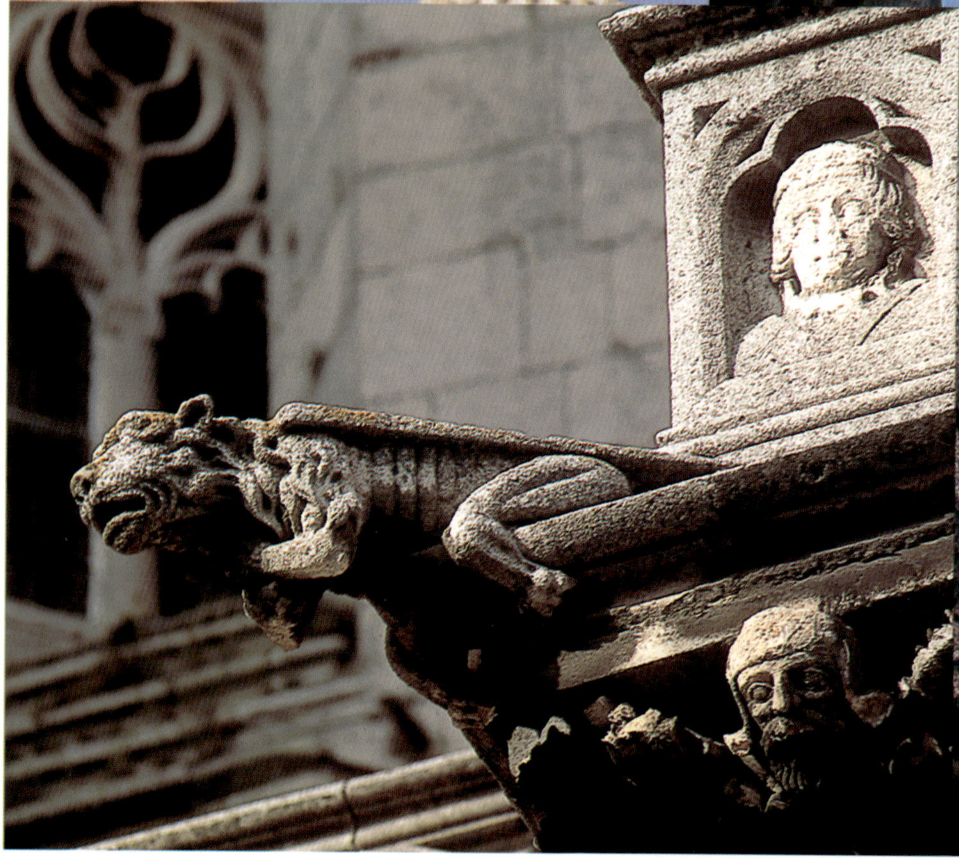
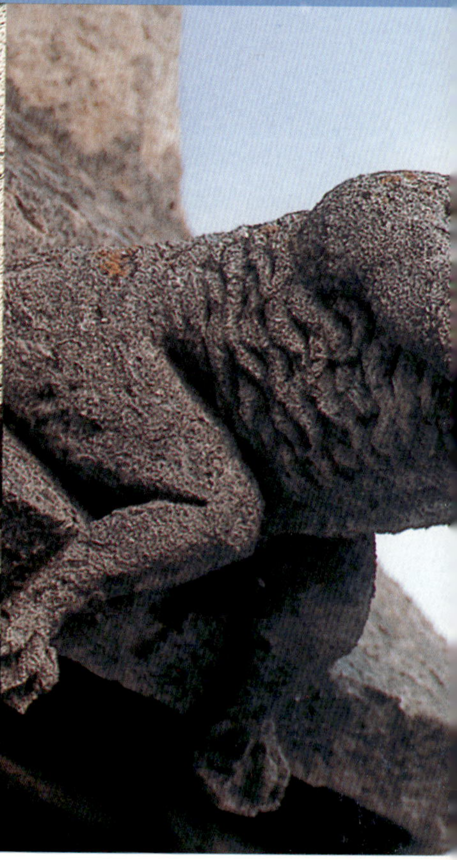

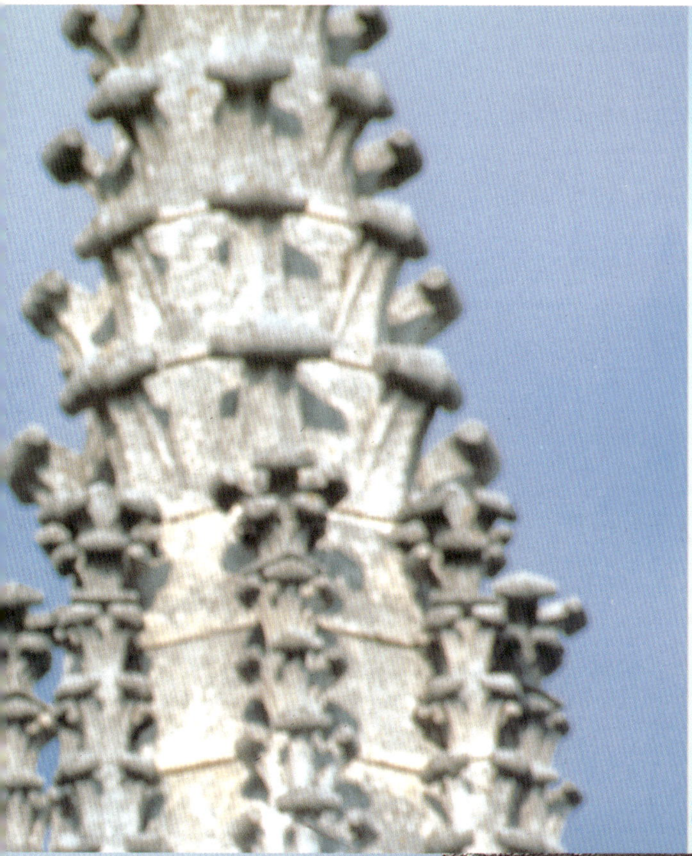
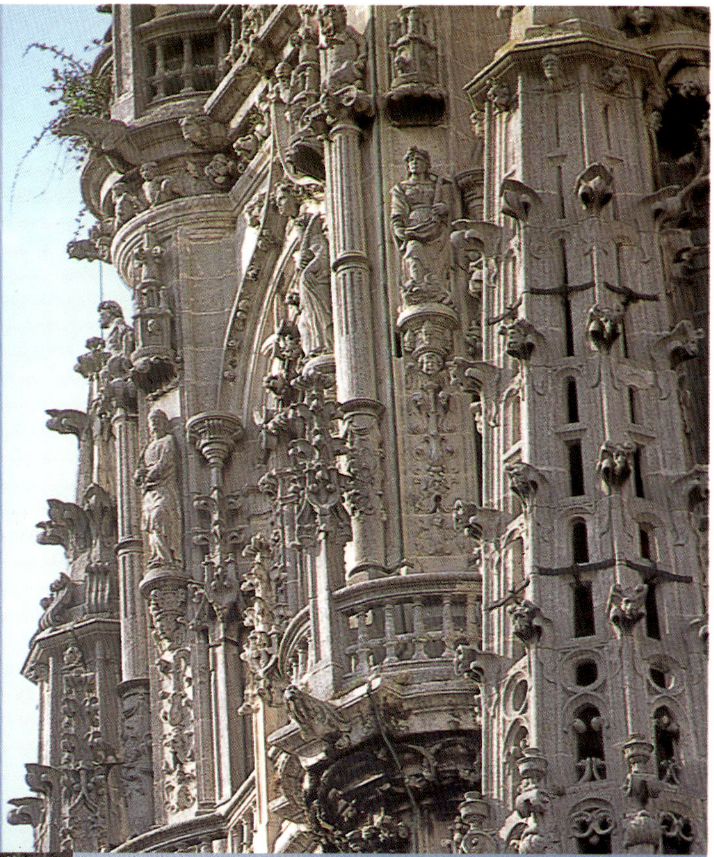
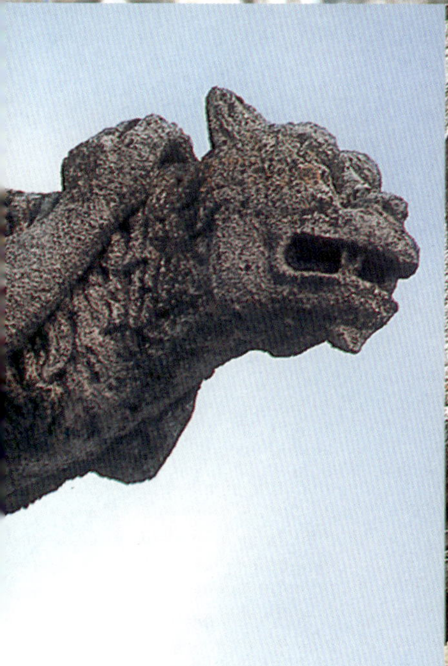
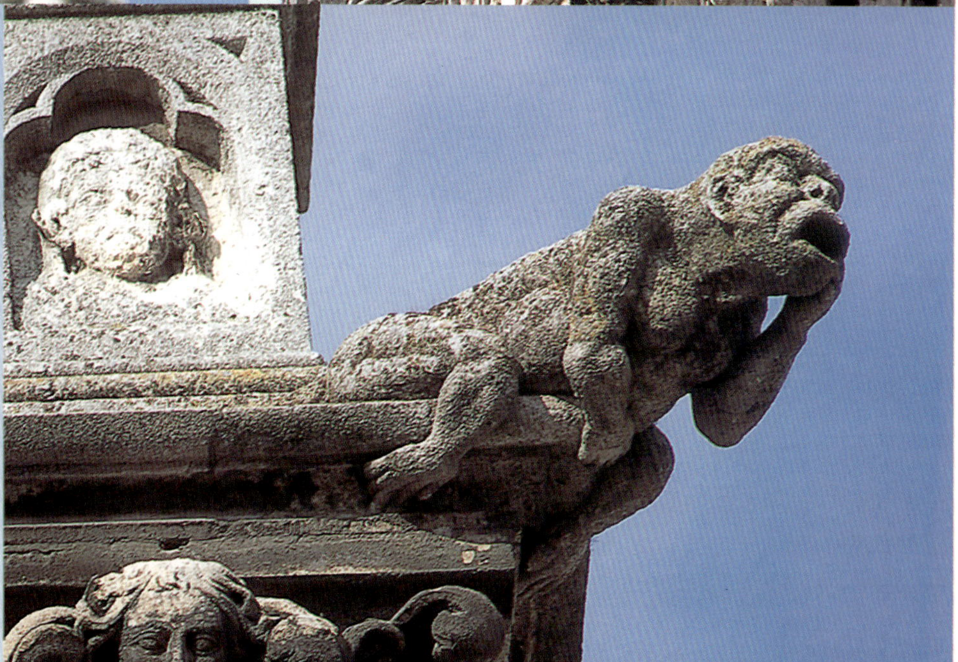

los demás peregrinos y una vecina, que le hace cucamonas y le dice palabras cariñosas en castellano a un bebé que no entiende ni siquiera el alemán; la verdadera comunicación. La digestión está resultando maravillosamente irreal en este rincón tan loco del mundo. Una ciclista alemana desde la puerta del bar le comenta a un escocés que "deben ser alemanes porque están locos"; se conocen entre ellos a distancia, me encantan.

En una mesa de la taberna tras vasos de vino tinto está un escocés con un ejemplar de *Ivanhoe* de Walter Scott, no es broma, las dos australianas, un neozelandés y un francés. Parece una comisión festiva de la ONU, verbena planetaria. Uno puede comprender un poco los recelos del cura hacia el negocio de Marcela, mañana los peregrinos tendrán que hacer su penitencia por estos excesos, pero hoy se divierten. Además, todos tenemos que vivir; la hostelería, más.

Antes de marchar Marcela nos pone un vídeo realizado por un hijo suyo en el que se ve el rayo de sol que ilumina el capitel. Está visto que los milagros hoy sólo pueden verse televisados; es el siglo, ya saben. Nos ofrece a continuación pasarnos un vídeo en que sale el ministro del Interior, Mayor Oreja, recorriendo ese pedazo del Camino, declinamos una oferta tan amable y nos despedimos. También ella espera pasarse por Santiago al fin de la temporada a tomarse "un *chismito*". Antes de marchar nos estampa amablemente el sello de su negocio y su hijo nos estampó el suyo propio personal; será por sellos.

Peregrino prehistórico

Vamos hacia Burgos y pasamos por Atapuerca donde recientes investigaciones han descubierto los restos de un peregrino antiquísimo, el más antiguo de Europa, demostrando así que lo del Camino ya viene de viejo.

Entramos en Burgos tras un camión de frutos secos Babieca. Es una ciudad con aspecto muy limpio, ordenado y aun próspero; también parece una ciudad ejemplarmente provinciana en muchos aspectos. Nos cuadramos delante de la estatua del Cid amenazante, al fondo un panel luminoso anuncia lencería fina El Portugués, y un gallo de Barcelos.

La catedral

Lo que debieron ser las catedrales en su tiempo levantadas entre casas pequeñas acurrucadas a su sombra... Aún hoy descuellan entre los edificios y dominan la

Páginas anteriores, gárgolas de la catedral gótica de Burgos. Los temores y el miedo toman forma en el templo, el amo de los horrores

Castrojeriz. La tarde y el campo

meseta a bastantes kilómetros. Las catedrales no servían para disipar los temores de la gente, más bien eran creadoras de miedo y respeto amenazantes. Impresionan aún hoy.

Están restaurando la de aquí, que es tan bonita. A medio limpiar aún, está ganando en elegancia. A la piedra caliza los años no le dan una pátina de nobleza, simplemente la afean, la piedra caliza es para estar siempre joven y chispeante, como un vino nuevo. Son las cosas que tiene el gótico. Por eso prefiero el románico. El caso es que la catedral está quedando muy bonita, también para el año que viene. Será un año paradójico, nunca tan en su punto estarán las instalaciones y los monumentos del Camino, y probablemente sea uno de los años en que más cueste sentir el espíritu de la peregrinación jacobea.

En el jardín de la facultad de Teología de Burgos han erigido una estatua al papa Juan Pablo II, se ve que les gusta. Por cierto que, en su afán de resucitar la fe medieval

El tiempo larguísimo de la tarde, un pastor contempla sus ovejas

según su interpretación, ha sido el Papa que más ha hecho por resucitar la peregrinación. Uno duda de la viabilidad de la recuperación desde la reafirmación de Trento y la ortodoxia apostólica romana; creo que el Camino va a ser algo espiritualmente complejo y diverso y que tendrá dimensión verdaderamente cristiana si hay un acercamiento entre las varias Iglesias reformadas, la católica e incluso la ortodoxa. Pero qué sé yo. En todo caso se ve que la Teología de Burgos recibe la inspiración del cardenal Ratzinger.

Al salir de la ciudad pasamos por la capilla de San Amaro, pequeñita y llena de fieles en esta tarde que rezan el rosario. Al lado, el antiguo Hospital del Rey, hoy una facultad universitaria, con una figura del Apóstol sentado y leyendo un libro. Nunca había visto una iconografía tan intelectual de un santo tan hombre de acción, o está matando o está caminando; ¿dudará?, ¿estará también él buscando el Camino? Se aclara el asunto, es san Amaro, un santo francés que peregrinó a Compostela y al volver se consagró allí al servicio de los peregrinos.

Nosotros seguimos avanzando siguiendo el curso del sol; es por la tarde y nos precede, lo llevamos de frente por tierras llanas y trigales inmensos.

Guardesa en el umbral de la colegiata de Castrojeriz

Las grandes iglesias del pequeño pueblo

En Castrojeriz algunos emigrantes que han venido a veranear trayendo a sus hijos urbanos al pueblo de sus abuelos aún no se han ido, sus coches con matrículas lejanas andan por las calles. Ellos van con pantalón corto y ellas fuman pitillos con estilo en una terraza que han abierto este año.

Es un pueblo pequeño pero con varias iglesias grandes. Mucha hambre debieron pasar los antepasados de esta gente para meter tanta riqueza en iglesias tan grandes. En la colegiata una joven guardesa y su hermano, aún más joven, acaban de cerrar la iglesia. Duda si abrirnos, "No fotos. No vídeos", dice un cartel dentro, finalmente se plantea a sí misma un dilema: "¿Y si no sale nuestra colegiata en ese libro por culpa mía?". Nos deja entrar siempre que no fotografiemos una Virgen para la que hace falta un permiso episcopal. En su lugar, el fotógrafo le propone fotografiarla a ella junto a la hermosa puerta. Ella se quita la chaqueta que le cubre el torso y posa, linda y virginal. Una belleza judía en un portal cristiano.

¿La pose del pastor?

El pueblo parece pobre pero el país es, a su modo, hermoso. El perro del pastor recoge un rebaño de ovejas trasquiladas. Se pone el sol. El pastor se deja estar quieto, el fotógrafo lo atrapa. Nos queda la duda de si el pastor era consciente de que queríamos esa foto y estaba posando. En el momento en que en el mundo los pastores hayan perdido la inocencia y asuman la vida como espectáculo audiovisual, apaga y vámonos.

A la entrada de Castrillo de Matajudíos, un crucero y un bidón pintado con consignas contra un cementerio nuclear que les quieren instalar por aquí. Energía atómica para el Camino.

Conciliábulo de gatos en una ventana del pueblo para ver pasar al peregrino

Un letrero anuncia 22 kilómetros a Frómista, 496 kilómetros a Santiago de Compostela. Me sorprende ver hasta qué punto mi ciudad es una referencia tan importante para alguien.

Italia, de nuevo en el Camino

El río Pisuerga y el estupendo puente de Itero son el límite entre Burgos y Palencia, aún en este lado de Burgos está la capilla de San Nicolás, que lo fue de un hospital del siglo XII. Este edificio acaba de ser rehabilitado y recuperado como albergue de peregrinos por la orden de la *Confraternitá di San Jacopo di Compostella de Peruggia*, ayudada en su esfuerzo por la orden de Malta. Otro pequeño milagro del Camino. Gente italiana que ahora comparte cena, y nos invita a nosotros a participar, con dos peregrinas polacas a la luz de las velas, no hay luz eléctrica; gente que entrega días de vacaciones a ser hospitalero de quien pase en peregrinación.

Extraña humildad en una señora tan arreglada, probablemente con agudo sentido de clase, que se hospeda en un lugar tan austero y que por la tarde realiza con sus compañeros el antiguo rito del lavatorio de pies a los peregrinos. Este rito ha desaparecido completamente del Camino, pero ellos lo han retomado con toda la solemnidad y vestidos con unas capas adornadas con vieiras lo practican todas las tardes antes de ofrecer bendición y compartir la cena. Hay carencias en nuestras vidas que hace atractivo un tiempo pasado que parece lleno de sentido y, desde luego, de ritos.

Aguardando al caminante, agua para la sed y vino para descansar en Itero

Atuendo de los cofrades de la Confraternitá di San Jacopo para la ceremonia del lavatorio de pies

Interior del restaurado hospital de Itero

"En el peregrino acogemos al mismo Cristo, por ello, tras lavar y secar uno de sus pies, nos inclinamos y le besamos en señal de adoración." Y una bendición en varios idiomas, vía ecuménica.

La mujer nos despide con un entusiasta y juvenil "¡ultreia!", el saludo de los peregrinos.

Pasamos el puente, Boadilla del Camino con su famosa piedra de rollo, y llegamos a Frómista a hacer noche.

Maravillas del románico

San Martín de Frómista tan románica, tan restaurada, tan bonita ahí iluminada e inmóvil en esta noche del cielo de Castilla. De un bar enfrente salen las carcajadas que acompañan las gracias de Lina Morgan en el televisor.

El actual albergue de Frómista está un poco descuidado, no hay agua caliente, no hay cocina. Una chica le masajea las piernas a otra. Otra chica de Madrid se aplica Calmatel en un tobillo, ella y su novio están haciendo el segundo tercio del Camino, quieren llegar a Ponferrada antes de que se acaben las vacaciones.

Por delante de la iglesia de San Pedro, otra maravilla, es increíble la concentración de monumentos que hay en toda la ruta, pasa un enorme tractor disparado arrastrando un remolque de gigantescas pacas de heno.

En un bar elegante, hasta el camarero parece inglés. Unos veraneantes intercambian informaciones de bolsa (¡España va bien!).

Interior y exterior de San Martín de Frómista

En el mostrador, una señora a mi lado me mira e inmediatamente echa mano a su bolso y lo guarda en su regazo; el viaje empieza a hacer mella, quizá deba afeitarme y arreglarme un poco.

Los niños del pueblo juegan con las ropas lavadas y tendidas de los peregrinos. Canta un grillo junto a San Martín.

Ampollas en el Camino de Santiago

Por la mañana sale del albergue un peregrino en bicicleta deportivamente equipado, se ha parado a hablar por teléfono móvil en catalán. Llega la hospitalera, es muy joven. Ella y su hermano se ocupan del albergue por cuenta del Ayuntamiento. Sostiene en una mano con las uñas pintadas de azul un pitillo, la escoba en la otra. Efectivamente el año que viene abrirán un nuevo albergue que ya está acabado, tienen consigna de no abrirlo hasta el año que viene para que esté de estreno. "Tiene sesenta y siete camas, agua caliente, una cocina más grande que la del hotel, lavadoras, secadoras, les han plantado árboles en el patio...", enumera. "¡Eso sí que es un albergue! Cuando me lo contaron yo dije, ¡jo!", dice admirada pisando una mancha en el viejo terrazo que no consigue borrar.

A la joven hospitalera también la llama el Camino, cuando tenía catorce años quería hacerlo pero le decían que era muy joven, ahora ya tiene diecisiete y después del Xacobeo, que va a ser tremendo de gente, lo hará. Algo le dice que debe hacerlo, el Camino la llama; cree que será divertido y que hará amistades.

Un letrero en el tablón del albergue, "Ampollas en el Camino de Santiago": recomendaciones para evitarlas y cuidados.

Competición de peregrinos

Ya nos vamos cuando la hospitalera se lamenta de que ya ha pasado El Peregrino. "¿Cuál? Uno que se llama así, es muy famoso, va con un burro y tiene sello propio." Efectivamente en el libro de registro del albergue ya ha dejado su señal, "Hola, soy Carlos, Carlos, *El Peregrino*. Tengo 10,10 años". No entiendo el mensaje, pero parece cierto, ha pasado Carlos, *El Peregrino*. Un competidor para Zapatones y para Marcelino Lobato.

Por estas tierras la gente es parca en hablar y frugal en saludar, debe de ser la influencia del románico. La gente se muestra escéptica sobre el porvenir, sobre todo la hostelería, ya se sabe, sin embargo además del albergue nuevo ya se han inaugurado dos hoteles.

Por delante de San Martín pasan sin detenerse unos peregrinos que vienen en bicicleta desde Almería. Uno no imagina que cosa puede detener a esta gente tan veloz, al llegar a Santiago quizá pasen de largo. De la iglesia qué se va a decir, es muy hermosa recién restaurada y su carácter ya es más el de obra de arte que el de templo, estatuas, capiteles, bóvedas... Antes abría la puerta un anciano, hoy atiende una mujer joven con un puesto de folletos surtidos.

A la salida del pueblo un niño de unos tres años observa con atención al que camina con mochila. Seguramente crecerá viendo pasar gente. Quizá eso lo haga indiferente y ciego al peregrino o quizá, como Pauli, la hospitalera, sienta un día a su modo la llamada del Camino. Un viejo cobrizo con gorra y chaleco pedalea hacia el pueblo en una bicicleta de rueda pequeña, le adelanta un veraneante maduro y bronceado, niki, pantalón corto y zapatillas blancas en una bici con marchas, piñones y catalinas.

El Camino pasa de la acera urbana a una pista de tierra bien pisada, señalizada y urbanizada. Un crucero típico adorna el comienzo de esta recta, pista interminable para caminantes y bicicletas. Esta nueva vía es utilizada también por vecinos que se desplazan de un lugar a otro, y que ahora caminan más confiados que antes por el

En San Martín de Frómista, contemplación de los restos de la vieja religión

arcén de la carretera. Me cruzo con un viejo con gorra y bastón, "buen día", y él asiente; parece que a él también le parece buen día. Sí, son parcos en hablar.

El peregrino, salvaje moderno

El peregrino está siempre completamente envuelto y sumergido en la naturaleza, expuesto al aire frío, al viento, al sol y la sequedad, esa inmersión en el mundo es una parte importante en la experiencia de la peregrinación; nadie como quien camina pisa tanto la tierra, con sus pies y su bastón, esperando recibir algo de ella. Sin embargo el peregrino sólo de cuando en cuando contempla el paisaje, su relación con lo que le rodea es por contacto, más íntima, no visual, que es la propia del turista con su vídeo. El peregrino en parte se tranforma en un salvaje que vuelve a formar parte del mundo sin reflexionar sobre ello, deja por un tiempo de ser el civilizado que contempla todo lo que le rodea desde fuera.

¡Primer monumento español al lechazo churro!

En Santa María, antigua tauromaquia

Cabezas templarias.

Travesía y purgatorio

Pero en el tramo a través de la provincia de Palencia se puede decir que se entra en una dimensión distinta, el paisaje se transforma en una monótona recta llana sin que ocurran muchas cosas en el paisaje, una monotonía que hace que el paisaje se haga casi abstracto, como si desapareciese y se transformase en un espacio geométrico puro. Y entonces el peregrino se encuentra solo. Solo con su cansancio físico y moral, su desesperación, y solo ante sí mismo. Quizá es el momento más duro del Camino, y uno de los más importantes. Quien lo anda con ánimo turístico lo menosprecia

Dentro de la iglesia, diapositivas de la propia iglesia

El papa Pedro, las llaves perdidas

por cansado y monótono, pero quien lo hace como la vía llena de pruebas para ganar conocimiento que es, descubre que allí es uno de los lugares de transformación, donde uno se desnuda y se ve obligado a sacar de dentro fuerzas que no conocía, haciéndose más fuerte y pleno. Toda una experiencia personal.

Los coches pasan por la carretera paralela a este camino con el firme tan bien pisado y los mojones con vieiras regularmente hincados que le dan al caminar un toque municipal y de diputación. Caminar al lado de una carretera afecta y debilita el tiempo interno del caminante; grandes rectas, vehículos veloces que reducen el yo del peregrino.

En Villalcázar de Sirga, o Villasirga, todo es puro Camino. En el mesón de los Templarios, vieira y cruz reglamentaria, en su fachada un relieve en piedra de un cordero, un escudo y una placa en bronce que nos informa de que nos hallamos ante el "1º Monumento Nacional al lechazo churro", erigido el 30 de octubre de 1992.

Toca la campana de la extraordinaria iglesia templaria de Santa María la Blanca. Quizá la iglesia que concentre más significados. Una niña gitana juega detrás de un puesto de venta de zapatos del que nadie hace caso. Una joven veraneante en bicicleta constata que hay coches parados delante de la iglesia con matrículas de fuera, Bilbao y Pontevedra.

La iglesia tiene afán de desmesura y es hermosa de la tosquedad y el encanto ingenuo del románico; las figuras de la portada están tan gastadas que hacen dudar de la idea de eternidad.

En el interior hay un retablo con la vida de Santiago según el relato del *Códex Calixtinus*, a su lado una estatua que parece del papa Clemente pero es un San Pedro al que le falta la mano con las llaves; la tiene el cura a arreglar, se le caían. En una capilla lateral, cachivaches viejos, restos de retablos, papeles, un montón de láminas de Escrivá de Balaguer, reaparece aquí, que han traído la semana pasada.

El templario airado

En la sacristía el sacristán y el cura vestido con *clergyman*, que habla con energía y golpea la gruesa mesa con el puño. Es un hombre adusto que nos permite entrar pero que nos regaña ya desde el principio, desconfía de un tipo con una máquina de fotos y otro con una libreta. Nosotros también desconfiamos de él. Pero de repente suelta una carcajada y comprendemos que es de esa gente que parece enfadada sin estarlo; entre capellán castrense, castellano seco y párroco socarrón. El fotógrafo se presenta, ha estado hace unos años en el pueblo, descendió del primer helicóptero que aterrizó en una era del pueblo, todo el vecindario acudió a verlo, incluso el cura. Lo recuerda; ¡hala!, ya somos amigos.

Don Ramiro, así se llama, es un hombre comprometido con el Camino, es miembro de la Asociación de Palencia y en su parroquia hay un albergue del Ayuntamiento del que él es responsable. Habla apasionadamente sobre el tema y resume en pocas frases hiladas una visión lúcida desde la Iglesia.

Sobre el Xacobeo

Recibiendo la luz

"¿Así que de Galicia, eh? El problema allí es que el Camino está demasiado cerca del dinero." "¡El 93! ¡Fue el mayor desastre para el Camino! La gente no sabía a qué iba a Santiago, no sabía lo que era el Jubileo." "No soy escéptico, pienso que el Camino es la mejor droga que hay, y que a todo el mundo le queda algo en el fondo." "El Camino intenta que el hombre vuelva a sus raíces, apostólicas y al encuentro consigo mismo, al fondo donde reside su espiritualidad. Quien haga el Camino se encontrará con el Bien." "¿El peregrino? Allá no saben lo que es el peregrino. Cuando el peregrino llega allá, van domados; pero cuando vienen por aquí hay de todo. A veces sabes que te están mintiendo, ¿pero qué vas a hacer?" "¿Cuántos llegan? Quizá un 30% de los que van con la credencial sacan la Compostelana."

Y una visión descarnada del paso del Camino por Galicia que introduce un asunto nuevo a dilucidar, "en Galicia es donde siempre se ha atendido peor al peregrino;

sólo interesa el turismo". "Lo que han hecho en el monte do Gozo, la mayor barbaridad." "¿La etiqueta de Xacobeo para llamar al Año Santo?, el mejor invento turístico, pero lo peor para el Camino."

El fotógrafo le pide que pose junto a la recia puerta de olmo cortada con azuela en el siglo XVI. "Como me uses mal te busco hasta en el infierno", amenaza. Cualquiera sabe lo que puede hacer un cura...

El templo tiene filas de cabezas de piedra en la sacristía y en los laterales, eran retratos de familia de los templarios; no sólo de ellos, también de algunos de sus enemigos, a quienes retratan con rasgos animales, orejas de perro, hocico...

Alfonso X contra el Apóstol

En esta iglesia está también Santa María la Blanca, a quien Alfonso X adjudicó en las Cantigas numerosos milagros que ya estaban atribuidos al Apóstol. No parece casualidad que Apóstol y Virgen estén a ambos lados de la nave central enfrentados, por causa del rey Alfonso X.

As Cantigas de Santa María, una cumbre de la lírica y la música europea medieval, es una obra con la intención política de debilitar el mito jacobeo, dentro de una estrategia de atacar a la poderosa Compostela, sede apostólica y centro de poder, en beneficio de Toledo. Junto a este rey gallego, enfrentado a la metrópoli y la nobleza que lo había educado y a la que pertenecía, está una figura clave en la construcción de una Historia peninsular alrededor de la idea de Castilla, el obispo Ximénez de Rada verdadero padre de la Historia peninsular que aún hoy se estudia.

Compostela, que había coronado reyes, y aun a Alfonso VI emperador de Hispania, sufre desde ese momento una pérdida progresiva de poder. Siglos más tarde, cuando el centro del Reino ha ido inevitablemente ya no a Toledo, tampoco a Lisboa, sino a Madrid, y cuando con el triunfo de la Reforma protestante se extinguen las peregrinaciones de casi toda Europa, se intenta sustituir la debilitada figura del Apóstol por la de la Virgen del Pilar como patrona de la Corona de España.

Aún hoy se conserva un atavismo de este carácter fundacional del Reino cristiano del noroeste peninsular del cual nacieron Portugal y España, la ofrenda del Reino al Apóstol en el día del Patrón. Naturalmente que esta ofrenda, resto de un Estado confesional católico, no se adecua a una sociedad y un Estado democrático. Pero ese es otro asunto.

Los buenos templarios

Sacristía de Santa María la Blanca en Villalcázar de Sirga

En el exterior, en un pantocrátor, entre los símbolos de los evangelistas una representación simbólica templaria: el hombre y la mujer, el sol y la luna. Eran constructores de arquitecturas que atrapan. Convocadores de fuerzas: en la zona donde está el retablo del Apóstol la brújula se descontrola.

Don Ramiro reivindica la buena memoria de los templarios, disueltos y expoliados por un rey de Francia y su hermano Papa. Para él los templarios eran absolutamente cristianos, "lo que pasa es que tenían mucho poder y riquezas y quisieron quitárselo todo; fue Francia". "Naturalmente que creían en la magia, la orden nacida en

Jerusalén tiene ese componente esotérico que tiene todo el que ha pasado por Jerusalén. Pero no le podemos quitar al Camino lo que tiene de esoterismo, es parte de la búsqueda del hombre". Me sorprende oír de un cura en ejercicio una comprensión tan global y poco sectaria del Camino. Frecuentemente se olvida que la religión es, antes de nada, una búsqueda esotérica (lo más interior y oculto).

Lechazos en el Camino

Comemos en el mesón Villasirga, entre lo rústico y la casona, todo es kitsch (no hay sinceridad arquitectónica). Una excelente reproducción del *Códex Calixtinus* dentro de una urna de metacrilato; una foto dedicada de Lina Morgan (reapariciones en el Camino); una foto del anciano propietario cuando era más joven recogiendo un diploma de manos de un Manuel Fraga que también lo era, además de ministro de Información y Turismo; una piedra de la Puerta Santa; varios trajes reglamentarios de peregrino en un perchero; una foto del hostelero ya anciano vestido de peregrino en la investidura de Fraga como Presidente de la Xunta (aquí hay devoción), después de lo cual ya sabemos quién manda en este pueblo. Suenan cantos regionales en los inevitables altavoces. Y reaparece nuevamente Marcelino Lobato, que le saca una cabeza a sus competidores, en una foto dedicada y enmarcada sobre la chimenea. A su lado, Lucas, actual presidente de Castilla y León.

Comemos lechazo, a mí me pareció que era el hermano mayor, y bebemos vino de este país áspero. Cuando llegamos a las natillas de la casa el fotógrafo, francmasón y librepensador, ya le llama padre al cura y éste le llama hijo. Son adorables. Para completar la digestión nos tomamos una copita de licor del Peregrino, que parece ser algo así como la queimada pero servida fría.

Excesiva sinceridad arquitectónica

En Carrión de los Condes nos paramos en la iglesia de Santiago, que tiene una portada con un pantocrátor que nadie sensato olvidaría citar, es magnífica.

La iglesia ha sufrido una restauración, le han puesto una puerta un tanto moderna y un alero del tejado en hierro autooxidado, por la parte de abajo

Románico evolucionado en la iglesia de Santiago en Carrión de los Condes

se leen unas letras grandes, debe de ser la marca del fabricante. ¿Sinceridad arquitectónica? Yo diría que hay gente que confunde la sinceridad con la falta de respeto. El juego resultante es muy conceptual, lúdico, dinámico..., pero a costa de la arquitectura a la que había que servir. "El día que llueve te jode el traje", dice un ¿carrionero?, y es cierto, en el callejón hay manchas de orín en el suelo debajo del alero autooxidado. Le pregunto a un vecino como se llaman los habitantes de Carrión. "¡Huy!, son muchos. Yo no los sé todos." Carrioneros, son carrioneros.

Pasamos por delante de un monumento y una placa en una casa al Marqués de Santillana, aquel que un día le hizo no sé qué a una vaquera en la Finojosa y luego aún lo fue contando. Los nobles, menuda tropa.

Ciclistas polacas por la llanura palentina

Al salir de Carrión sorprendemos a una peregrina francesa a quien habíamos despedido en Villalcázar de Sirga caminando y que ahora sube con su mochila a un coche. El sol cae a pico y cuando se llevan varios días andando la tentación es mucha. Lo siento por ella, se arrepentirá; cuando llegue a Santiago sentirá que no lo ha hecho completamente, que se hizo trampa a sí misma en este Juego de la Oca tan duro.

Obras del Camino

La forma de las indicaciones varía

Desde Carrión el Camino es una auténtica obra pública en la que están trabajando grandes palas y apisonadoras que asustan al peregrino. Una gran calzada de piedras y tierra, una recta industrial interminable en esta hora de sol con una hilera de chopos recién plantados a un lado; el año que viene quizá den algo de sombra a quien camine. Pero hoy nada da sombra y el sol cae, no hay fuerzas y hay que sacarlas de dentro. Esto es el Camino.

Una joven sueca de raza asiática y su perro, *Wuan*, descansan del calor a una precarísima sombra. Ella escribe su diario. Viaja muy joven y sola, ojalá el Camino la cuide hasta Santiago.

Paramos a mear en la llanura palentina y toda la meseta nos contempla. Trigales y girasoles.

Se acercan dos ciclistas en la llanura, dos cabalgan juntos. Son dos mujeres polacas, la madre y la hija. La hija es joven y gruesa; con su misma raza naciendo unos cientos de kilómetros hacia occidente estaría más cuidada, más guapa. Pero es de un país de gente muy inteligente que aún viene escapando de la pobreza, lo conseguirán. La madre anduvo el Camino hace cuatro años, el año pasado vino sola en bicicleta y ahora vienen las dos en sus modestas bicis.

En Calzadilla de la Cueza el albergue es modestísimo y entrañablemente aldeano, un papel pide donativos a los peregrinos para el jabón, papel higiénico... Un porrón de agua fresca al lado del sello.

El de Ledigos es tan humilde, pobre, como el anterior, pero existen para albergar; eso es lo hermoso.

En Sahagún en cambio el albergue cuesta quinientas pesetas pero está muy bien acondicionado, es como llegar a un oasis de confort hostelero. Comparten una misma mesa de atención al público un joven que hace la Prestación Sustitutoria como hospitalero del albergue municipal y una joven de la Oficina de Información Turística de la Diputación. Él no entiende el esfuerzo de los peregrinos ni le encuentra la gracia. A ella en cambio le apetece al ver pandillas de jóvenes enrollados que se divierten; le apetece ir por ahí varios días a pasárselo bien.

Deportistas del Camino

Llega una familia ciclista, un padre, su hija de once y su hijo de doce, la madre va detrás con un coche escoba. Son de Madrid, vienen desde Nájera y esperan llegar a Santiago. Lo hacen por motivos culturales. El padre pregunta al joven hospitalero si hay televisión, la hay, y si puede ver el partido de fútbol que van a pasar, se puede.

Albergue de Sahagún, nuevos alojamientos con comodidades

Descanso a las piernas,
libertad a los pies

Los dos jóvenes del mostrador juegan ahora a los naipes para distraer el tedio de esta tarde de calor. En el tablón de anuncios se anuncia un masajista para peregrinos.

Un hombre alto, delgado y fibroso de Coruña contrasta información sobre la ruta con los dos jóvenes. Camina una media de 50 kilómetros al día y hace Roncesvalles-Santiago en 23 días. Uno no puede saber lo que hay dentro de cada persona que hace esta ruta de pura penitencia, pero este hombre aparenta un espíritu deportivo en estado puro, cosa poco frecuente entre la gente que camina y que abunda más entre ciclistas. Con todo, es muy raro que no haya algo más.

Donde es negocio montar una gasolinera es en Sahagún, sólo hay una y no da abasto, por lo menos hoy. Desde Sahagún nosotros hacemos trampa, como la peregrina francesa, entramos en el pedazo de autovía del Camino de Santiago que va de Sahagún a Mansilla y pisamos.

Grandes silos de cereal presiden las distancias y el paisaje, donde antes se levantaron torres de catedral hoy se erigen estos signos de prosperidad agropecuaria. Como pasa tantas veces, son mucho más útiles y necesarios para la gente, sin embargo, no conmueven tanto. Pero que vivan los silos y la población bien alimentada.

En Mansilla queda un nuevo centro penitenciario. Qué pensaran los presos asomados, en el gélido y solitario invierno, de la poesía de la meseta castellana y el páramo.

León, flechas y conchas

León es una ciudad absolutamente santiaguista, pero como todas las ciudades es muy dura para el peregrino, sobre todo atravesar los nudos de circulación de coches al entrar.

Las flechas amarillas no se corresponden con el plano que traemos, pero no nos cabe duda, seguimos las flechas y acertamos. En León se suma a las flechas amarillas un nuevo signo que atraviesa la ciudad de parte a parte a ras de suelo, unas vieiras metálicas clavadas en las aceras.

En la iglesia de Santa Ana, una mujer reza el rosario y es seguida por el rumor de numerosas feligresas, cabezas de mujer con peinados fijados con laca muy tiesas en esta tarde de calor, coches circulando y gente sentada fuera en los bancos y terrazas de la placita; dentro, un espesísimo olor a maderas y a encierro. Sobre la mujer que repite hipnótica "Dios te salve María llena eres de gracia...", las cruces de los caballeros de Malta en la bóveda, la conexión esotérica.

El Camino a través de la ciudad de León. Señalización propia

Monumento a los constructores de catedrales

Cerradura en el palacio arzobispal con sus atributos

Fachada de la catedral de León. El templo es una narración audiovisual

En el portal de la iglesia, un aro de llaves colgado en la pared, cualquiera puede cogerlas; bendita confianza, ojalá les dure siempre y su mundo no se les venga abajo. Que el futuro no les alcance.

La gente observa al caminante desconocido salir de la iglesia tomando notas y lo observa con reparo, la desconfianza hacia alguien ajeno, extraño, que escruta en lo de ellos. No lo dicen, quizá lo piensen, pero seguro que sienten que lo que estoy haciendo es un acto de violencia. Investigar es violentar.

La entrada por Puerta Moneda es una zona empobrecida que está sufriendo el mismo ciclo de las partes más antiguas de las ciudades, del florecimiento fundacional al abandono y la marginación y probablemente a continuación su reutilización, ya sin vecinos, para zona de ocio nocturno.

Una frágil isla en la ciudad

El albergue es grande y con buenos servicios, pero es como una isla del mundo secreto de los peregrinos rodeada y neutralizada por la cotidianidad indiferente de la ciudad. La hospitalera es de Bilbao; un enfermero le va a dar un masaje en las piernas a una peregrina. Dentro de la ciudad estas personas de repente parecen sin sentido, estrambóticas, fuera de lugar. La calle de la Rúa, otra vez la pervivencia del viejo nombre, da paso a la del Generalísimo Franco, que se cruza con la del General Mola;

como en tantas ciudades españolas, aquí la guerra aún no ha acabado y sigue envolviendo la vida de los vecinos.

Música de ángeles encadenados

Y de repente en esta zona comercial y de paseo tan animada se oye música de ángeles. Bellísima música sacra rusa muy bien cantada. Un hombre alto y dos mujeres, todos rubios, cantan en una esquina. Aunque la calle es peatonal es muy ruidosa, pero se les oye a mucha distancia. Sus cuerpos son máquinas de resonancia.

Dos mujeres gemelas por el paseo. Idénticas y vestidas con ropas parecidas pero distintas según un sistema compartido de colores semejantes, sandalias levemente diferentes. Es fácil imaginarlas peleando una vida entera abrazadas dentro de ese destino fraternal, diálogo perpetuo.

Vuelvo a pasar por delante de los cantores rusos y cantan la misma canción de antes. Más tarde todo se repite, vuelvo a pasar y cantan lo mismo. Sísifos canoros. Terrible debía de ser su suerte en su país para venir a padecer esto aquí.

En el periódico local, "el vandalismo en la zona de copas le cuesta a León más de un millón al mes". El futuro ya está aquí y para todos.

La catedral ya está iluminada. Las catedrales que hasta ahora fueron la concreción de la vida miserable de posguerra, corazón de provincia, aparecen ahora lavadas, pintadas e iluminadas como europeas. Si uno no tuviese memoria y pensase con sus ojos... Las campanas suenan concretas, nítidas y metálicas; tierra sin ambigüedades, aunque Galicia ya está cerca. Es de noche y aparece la tuna; huyamos.

Efectivamente la noche en la ciudad es imposible para quien quiera o tenga que levantarse temprano mañana, algo así sólo se ve en las ciudades españolas.

Las ciudades no sólo son cansadas y molestas por su trajín, su ruido y sus humos a quien viene de atravesar el espacio abierto y vivo, sino que sobre todo sacan al peregrino del tempo interno de la peregrinación, del proceso en el que está y lo devuelven a la vida de la que momentáneamente ha escapado. La ciudad es amarga para el peregrino.

En San Isidoro de León está uno de los puntos religiosos y artísticos más importantes, nos acercamos hasta allí al salir de la ciudad y nos encontramos con la excursión de

Perspectiva en la iglesia del antiguo Hospital de San Marcos de León

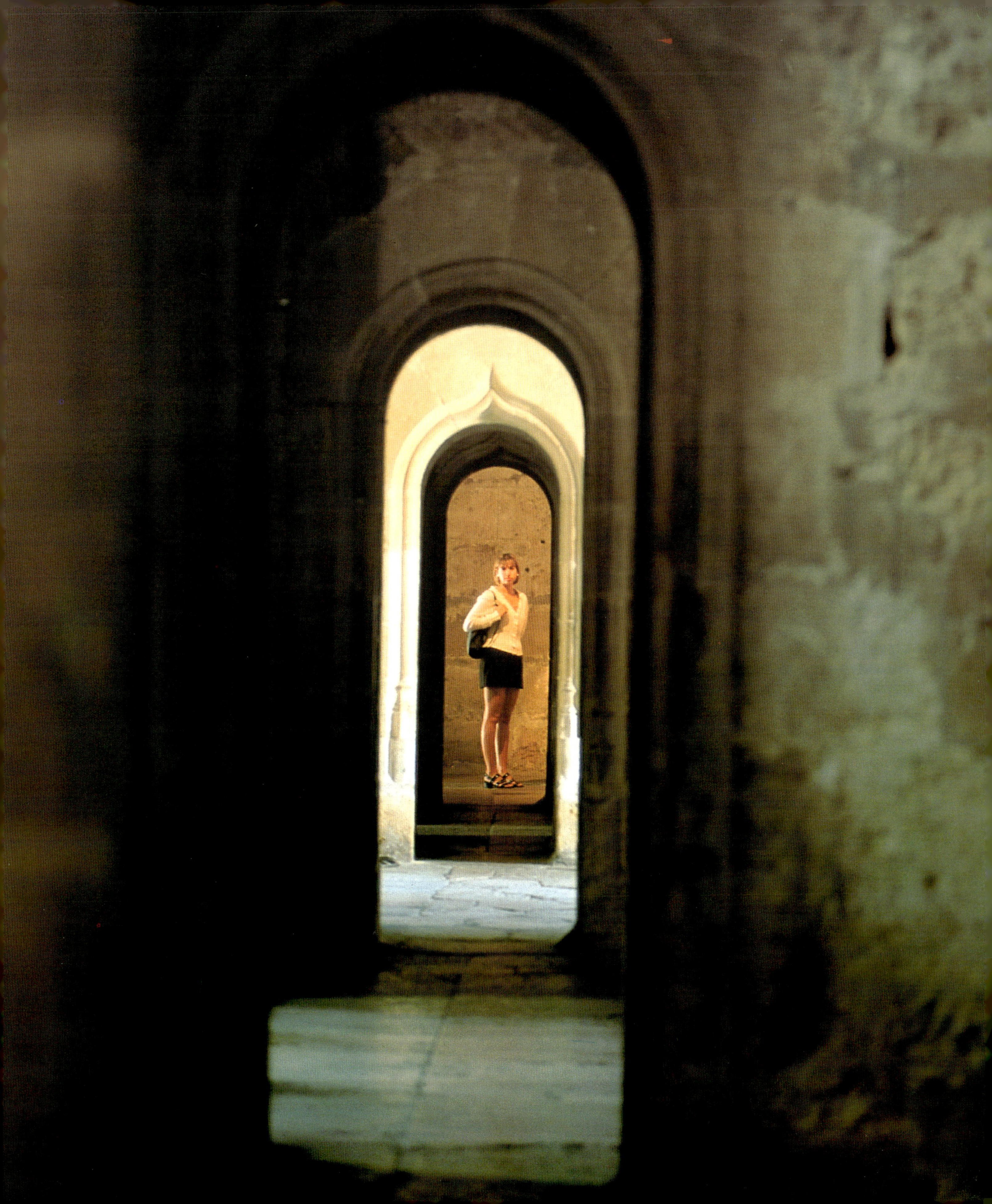

alemanas en autocar de San Juan de la Peña, "hola, hola", nos reconocemos; el Camino es un lugar de encuentros y reencuentros.

El hospital es un hostal

A la salida está el hostal de San Marcos, nació como antigua hospedería y hospital de peregrinos que aún recuerda en su fachada la decoración con conchas y cruces de Santiago, pero hoy es un parador de lujo. Nada en el interior de este hotel evoca su pasado original y nada más fuera de contexto allí que un peregrino. Creo que estos lugares debieran seguir hospedando peregrinos, aunque fuese un número simbólico. Un panel en la entrada al comedor anuncia los enlaces de Mercedes y Jesús, Mónica y Carlos.

Junto a San Marcos un sólido y hermoso puente y seguimos por la orilla de la carretera, tráfico y paisaje urbano vulgar, para beber hasta las heces el cáliz de pernoctar en una ciudad.

Catolicismo moderno

El edificio moderno de la Virgen del Camino, esforzadamente moderno, conserva en el interior un retablo barroco de la iglesia anterior. No hay ventanas, la luz es interior y el techo es plano, no hay bóveda, no hay apertura al cielo. La atmósfera en la penumbra es de recogimiento. Parece un templo de una religiosidad modesta, y casi laica; un lugar de reunión para una comunidad humana que no espera el advenimiento de nada desde las alturas ni tampoco el ascenso hacia allí. Las figuras de bronce en la portada de los doce apóstoles y la Virgen tienen así mismo mucho de humano, como las figuras de Giacometti. Todo parece aquí limitado a la medida de lo humano, como si el cristianismo del siglo XX no creyese en verdad en la Resurrección. Como si fuese una religiosidad desesperanzada y descreída.
Fue mi impresión.

Una peregrina que ha pernoctado en el albergue de León. Es de Segovia, empezó en Burgos y espera llegar hasta Ponferrada. Se ha demorado en salir de León viendo la catedral, ahora está sentada en un banco de la iglesia. Sale y se sienta a fumar un pitillo. Realmente va de forma vaga, no va a Santiago, vaga sin rumbo claro. Creo que se cansará y lo dejará. También quería haber dejado de fumar antes de hacer el Camino pero no consiguió localizar a tiempo a un hombre que tiene un método para

Cruz de Santiago en una
esquina en lo alto.
Capilla en San Marcos

Desde Holanda bajando y subiendo cuestas

dejarlo. Carga con tranquilidad su mochila y se echa a andar con paso lento. Que haya suerte en el Camino.

Desde León vamos cuesta arriba. Una peregrina holandesa asciende arrastrando un remolque con la impedimenta, de ese modo no lleva el peso sobre la columna y las piernas. Un empleado de una fábrica de productos cárnicos la observa con la mano en visera y ligera sonrisa de asombro. Concluye en sonrisa y comentario irónico para sí; la ironía es la única defensa ante la inocencia, tan incómoda y ofensiva para el contemporáneo.

Hazaña caballeresca

En Puente de Órbigo la ruta se separa de la carretera y se vuelve a lo que uno quisiera que fuese siempre el aspecto del Camino. Un peregrino segoviano busca en el pueblo un bar donde haya algo para pinchar. Forma parte de un grupo que se ha formado con dos brasileños de Sao Paulo, a quien un profesor navarro les habló del Camino, y una chica de San Francisco con aspecto hispano aunque sólo habla inglés. Un brasileño habla de una ruta alternativa confusa y de un escultor que conocieron por allí que hace arte "romano", muestra un recorte de prensa local en el que aparece una entrevista con el escultor.

El puente en el que estamos tiene argumento, un noble que desafiaba a pelear a todo caballero que pasase en peregrinación para probar el amor a su señora. En fin, a mí que no me digan.

En el puente de Orbigo, refugio, llave y sello

En la iglesia del pueblo mucha cámara de vídeo pero nadie entra a rezar. Le preguntamos a la señora de la limpieza, que pasa la fregona debajo de una Cruz de Malta, dónde sellan; nos manda a la carnicería, de allí al SPAR. ¿Por qué no está el sello en la iglesia? Cuando no está el cura, sobre todo en invierno, y pasa un peregrino, pues puede sellar a cualquier hora.

Una de romanos

En Astorga, una villa que además de tener la tira de monumentos es muy agradable y bien cuidada, están en fiestas. "Felices fiestas", reza un letrero luminoso. ¿Se desean a sí mismos felices fiestas? No creo. ¿Desean los astorganos felices fiestas a los

Fiesta de verano para turistas en Astorga. Mantecadas romanas.

visitantes?, más bien. La fiesta ha cambiado, ha muerto y ha resucitado transformada en show. La fiesta ha sido el descanso y también el despilfarro de energías compensador de un año de trabajos y penurias de una comunidad. La fiesta era para sí mismos, si se invitaba a alguien de fuera era para compartir el derroche o para demostrarle la riqueza. Hoy la fiesta no es un día extraordinario para divertirse una comunidad esclava del trabajo, la gente mayor ya se divierte todo el año viendo la televisión y los jóvenes en la discoteca, hoy la fiesta es para ¡el turista!, el protagonista de nuestro tiempo. O sea, nosotros, para quien hoy los vecinos organizan una "Fiesta romana".

Samba imperial

Aparcamos el coche delante del café Romano y vemos con sorpresa a un hombre vestido de centurión, casco brillante, túnica roja, zapatillas deportivas blancas, bajarse de un 4x4 que acaba de aparcar. En la plaza Mayor, una cuadrilla de romanos con lanzas parados. Los tambores comienzan a tocar un ritmo de samba feroz y ellos empiezan a desfilar con marcialidad tropical (es claro que ya se empieza a sentir la influencia brasileña en el Camino).

El verano es el tiempo del despendole mental, el kitsch y el disparate. Es como si los campos de fútbol se derramasen por todo el país. Le pregunto a un vecino por la fiesta y me dice que es una tradición que tienen, una "cosa histórica". ¿De cuántos años hablamos exactamente? "Unos dos años", me contesta.

Orgía romana

Entramos a un recinto de jardines donde asoman unas antiguas murallas excavadas, nos saluda *Obélix* en la puerta, palabra. Gente paseando, con cámaras de fotos, con vídeos, y vecinos vestidos de romanos. Unos con la serpiente *Enriqueta*, otro lee la suerte tirando unas conchas, "este es el hueco por donde se abren el cosmos, los planetas y todas las cosas". Más samba dura. Un Julio César seguido de soldados pasa por delante de los puestos, camisetas estampadas, garrapiñadas, se para y compra una caja de mantecadas La Astorgana. El romano del puesto pizzería maneja el microondas. César, que el resto del año trabaja de relojero, ahora come embutidos del país. Una mujer se hace una foto con un legionario romano cachas, "Mari Carmen, hazme la foto con éste"; los uniformes, ya se sabe. Una señora le pone a César una pegatina contra el cáncer, la Cruz de Santiago.

A la samba incansable se le suman unos altavoces que desde el palco de la música emiten la música de *La Guerra de las Galaxias,* que no de las Galias. Pasa una parihuela con toldo llevando a una señora portada por cuatro mozotes romanos que imitan el latín con legítimo acento gallego. El faquir se acuesta en la cama de puntas, le pide al fotógrafo que se ponga de pie encima. ¡Un aplauso! A la salida del recinto un hombre con faldita corta hace como que vende dos esclavas atadas por el cuello, "¡toque, toque!", ofrece su mercancía.

Un cartel invita a participar en una "Cena romana" (imprescindible el vestido de romano). Por la noche tienen la Noche Larga, amenizada hasta el amanecer por los grupos American Top y Samba (otra vez). Un cartel en una tienda de un festival, "Mantecada Rock".

De Melbourne a Vigo

A la puerta del albergue, que abre a las tres, en este día de sol de plomo aguardan dos ciclistas alemanas, otra de Navarra que es periodista, dos ciclistas catalanes, padre e hijo, y llega ahora uno de Madrid que trae una gorra que dice "Vigo". La ha comprado en el centro gallego de Melbourne, donde se bebió una cerveza Mahou. Es un madrileño que trabaja en la Telefónica, hijo de gallegos con un hermano emigrado en Australia (¿se explicará por ahí la conexión australiana?). Cuenta que en Madrid la Asociación de Amigos del Camino hace reuniones dos días a la semana en el Centro gallego para informar a la gente que se prepara a hacerlo; reuniones sucesivas de veinte minutos y todas llenas. Cuenta que hay tanta gente que han tenido que dejar de dar credenciales para que no vayan más (*overbooking* en Madrid).

Tierras de transición

Estamos de nuevo en un lugar de frontera. León está entre Castilla y Galicia, dos referencias muy claras, y a León pertenece también El Bierzo. Vemos de nuevo en las paredes cicatrices de la lucha por la identidad, gritos negadores que afirman identidad, "Antes moros que castellanos. León sólo", más adelante veremos, "¡León sólo xa!" y "Provinza de El Bierzo" y dibujos con la bandera berciana. Aún vemos un "Lleón tierra astur. Lleón sólo", asturiano entusiasta. Confusión y cierta angustia.

El Camino pasa propiamente por las afueras de Castrillo de los Polvazares, que de ser un pueblo silencioso y casi abandonado ha pasado a ser un pueblo turístico.

Castrillo de los Polvazares, pueblo de arrieros maragatos que acabaron estableciéndose en otras tierras. Hoy reverdece con el turismo

Aprovechando que tenemos familia allí comemos por la cara, un jamón que curan en el cercano monte Teleno; no importa de donde sea el jamón, basta con que se cure en ese monte para que sepa bien.

En la entrada del pueblo hay una escuela de equitación que también sirve de posta para los peregrinos a caballo.

Más adelante, en Santa Cristina de Somoza, un anuncio de un bar escrito en pintura amarilla con una flecha para asimilarlo a las señalizaciones del Camino. Estas pillerías del noroeste me resultan familiares.

Hacia Rabanal del Camino, que fue importante centro jacobeo bajo la sombra templaria y hoy es un pueblo, camina una pareja austríaca. Aquí hay un par de albergues, el primero es en la casa de Esperanza, ambiente familiar. Esperanza cuenta que acogía a los peregrinos en su casa cuando no había nada y que la hija que vive en Madrid, hizo ese pedazo del Camino y decidió luego hacer el albergue con sus ahorros. Confía en que el año que viene pueda rentabilizarlo.

El Peregrino de los cuños

Allí descubrimos hospedado a José María García Maiz, *El Peregrino*, con su burro. El que iba con burro y firmó en Frómista se llamaba Carlos. ¿Habrá dos peregrinos distintos y famosos con burro? José María es un hombre mayor, cansado y débil, viaja con teléfono móvil para tranquilidad de sus hijos. Empezó a peregrinar a raíz de una promesa, estando para morir se ofreció, "andaré mientras viva". Desde hace años va a Santiago con el burro *Felipe*, que al llegar regala a la Protectora de Animales; cada año cambia de burro pero les conserva el nombre. El que trae este año es medio rebelde, tira para atrás y no quiere andar. El Peregrino nos estampa los tres cuños que tiene. También es famoso, siempre sale en los periódicos. No sé qué pensar, dónde empieza la piedad y dónde la egolatría, el transformarse en personaje. No hay forma de saberlo.

El Camino sigue ascendiendo los montes, atraviesa las casas arruinadas de Foncebadón, un pueblo abandonado pero no por mucho tiempo, están restaurando un albergue. La ruta asciende hasta la Cruz de Ferro.

La cruz truncada

Lo que ha ocurrido en las pasadas semanas con la Cruz de Ferro es desolador. Una antigua cruz de hierro levantada sobre un irregular tronco de madera que le sirve de

Albergue en Rabanal del Camino, los hospitaleros y el mapa

Pie de la Cruz de Ferro, votos y exvotos en lo alto de la montaña

fuste, hace unos días han cortado con una sierra mecánica el tronco. Y cuando lo han sustituido han vuelto a cortarlo otras dos veces más.

Sobre el *milladoiro* (viene de *humilladoiro*, montón de piedras que fueron depositando los peregrinos que pasaban) está clavada la cruz. En su pie atados, estampas, fotos, mensajes escritos en papeles, piedras grabadas, un chupete, un sujetador, una bolsita con galletas... se funden las viejos ritos peregrinos y los nuevos ritos turísticos; si hubiese una fuente estaría llena de monedas.

En este alto, horizonte de montañas, la llamada de un teléfono móvil, una mujer desde una explanada cercana donde aparcan los coches pregunta, "¿quiéeeen?". Pasa el viento y se lleva su voz hacia algún monte de los que nos rodea.

Ofrendas y palabras para el viento

A un lado de la cruz, la pequeña y humilde capilla de Santiago, restaurada, está completamente recubierta de nombres, siglas, cifras, rayadas o pintadas. Notas en papel casi borradas clavadas a un poste, "*My friend Susie...*"), grabadas en latas clavadas a una columna de madera... Palabras para el viento.

Éste es un lugar especial, la gente parece entenderlo así. Quizá por la soledad que lo rodea, que no conseguimos destruir los curiosos que llegamos con coches; quizá por la altura a que está, o por el silencio y el vacío que acentúa la cruz recortada en el cielo... Por lo que sea tiene aire de santuario, de un final, o una puerta.

Una joven que viaja en moto con su compañero posa para él apoyándose en la cruz. Se para otro coche, baja una señora y dice, "mira, hay que hacerse una foto ahí". Los motoristas se besan de pie con cariño, sus besos se oyen a distancia de cincuenta metros, las voces de la gente que da vueltas por el aparcadero, como resistiéndose a separarse de sus coches..., todo se oye aquí. La montaña, el silencio, es muy vulnerable, una voz lo araña, varias voces lo hieren, y el ruido de la moto que acaba de arrancar con los dos jóvenes lo apaga momentáneamente.

El silencio, la melancolía

Mientras el fotógrafo duerme sobre un banco bajo el alero de la capilla, me siento en el antiguo tronco cortado a la cruz, descansa vencido por la estupidez y la sierra mecánica. Ahora la gente hace cola para fotografiarse por turnos delante de la cruz. De un coche aparcado, un hombre y una mujer jóvenes con la puerta abierta y cara de hastío, salen las canciones que han lanzado este verano. Sensación de futilidad, melancolía; esas canciones, algunas bonitas, pasarán y sólo serán recordadas por las personas a quienes hoy sirven de fondo musical en sus vidas. Y cuando las escuchamos todos sabemos que esas canciones pasarán; melancolía.

Quizá tampoco dure siempre el silencio aquí, donde permanece cuando no hay gente, quizá alguna institución municipal o turística decida un día ponerle fondo musical con altavoces. La vida toda será un largo videoclip y no nos dolerá nada.

El monte siguiente tiene varias antenas clavadas, radares de una base áerea: hay un polígono de tiro en el monte Teleno, cercano al valle del Silencio, a Santiago de Peñalba.

El albergue menesteroso

Refugio de Manjarín, la oca y el albergue voluntarioso y pobre

Manjarín eran ruinas hasta que un hombre llamado Tomás abrió allí un albergue para peregrinos bajo el estandarte del Temple. El albergue es mínimo y sin duda el más pobre que hemos visto, sin luz eléctrica y sin agua corriente, poco más que un techo de una cabaña vieja y un camastro sucio, pero en el invierno nevado es un tesoro en lo alto del monte para el peregrino.

Alrededor de Tomás y su ideal de nuevo templario se han ido agrupando personas náufragas de vidas diversas. Una joven de Madrid cuenta como ha pasado todo un invierno sin luz allí con Tomás. Son conscientes de que son mal vistos, el esoterismo de que se nutren puede ser utilizado en su contra; se sienten acosados por gente de

Rabanal, por los cazadores que campan por esos montes deshabitados hasta que ellos llegaron... Unas ocas corren sueltas. ¿Las ocas de los cuentos indoeuropeos, las mensajeras del más allá celta? Cuando todo está nevado las ocas dan el lobo que se acerca hasta allí.

Su ilusión sería tener un templo templario propio, un remedo de Santa María la Blanca, de Torres del Río, pero en pobre, como es todo lo que tienen. Dejamos a estos amables ángeles tristes y les deseamos la paz que buscan y toda la suerte que les pueda dejar allí el Camino.

Bajamos a Molinaseca con su estupendo puente de peregrinos medieval que va a dar a la calle Real, o sea, el Camino. Molinaseca se ha transformado en los últimos años en un lugar de recreo al lado de un río que refresca algo el verano de los ponferradinos. Desde Ponferrada vienen padres y abuelos a pasear por la orilla del río a la tarde y vienen luego los hijos en coches nocturnos de marcha. La localidad se está transformando en un largo bar de noche.

Desde Manjarín a Santiago y a todas partes

La Biblia, la cruz y las conchas

Al pasar por Ponferrada, la del castillo templario, vemos personas de raza negra: trabajan en las minas. Hay humo en el aire y una juventud que gasta mucho dinero. Inspira desconfianza la prosperidad que viene del humo. Viene muy rápida, como la combustión, y a veces se desvanece de repente en el aire dejando dejando a la gente perpleja y silicótica.

El llano de El Bierzo al pie de la montaña

Estamos en El Bierzo y se nota Galicia cada vez más cerca, tan cerca que no sabríamos decir si ya no estamos en ella. Tampoco lo saben gentes de aquí que ven la Televisión Gallega, que les habla en sus mismas palabras o en las de sus padres o de sus abuelos; no lo saben tampoco esas manos anónimas que pintan pequeñas banderas de El Bierzo con los colores de la bandera gallega en letreros y paredes. Nadie lo sabe con certeza. "*Bierzo celta ceive*", ha escrito alguien en ese muro, quizá tampoco él, o ella, lo sepa.

Cacabelos es una villa próspera, hoy se celebra la fiesta de la Vendimia que organiza la Bodega Cooperativa todos los años antes de vendimiar. El escudo de la cooperativa es un racimo de uvas y una Cruz de Santiago. Hay *pulpeiras*, numerosas banderas gallegas entre los banderines y actúa la orquesta de una popular cantante de *country-kitsch* gallego. Abre la noche una cantante más joven, con buena voz, que se dirige a los asistentes en gallego.

El sábado por la noche la calle por donde pasa el Camino estará animada, es la calle de copas.

La otra Puerta Santa

Hacia Vilafranca el sol se pone tras la cordillera, detrás de los montes llega el humo de un incendio. Una palloza, la vivienda llegada desde la edad del hierro, transformada en restaurante moderno. Barras americanas; no para los exhaustos y austeros peregrinos. El Camino, *camín* le llaman aquí, es bonito entre viñas. "Camín = luz", sobre un muro de cemento.

El Camino entra en Vilafranca por lo alto, a un lado queda el moderno albergue municipal y al otro lado, allí subida, la iglesia de Santiago. Esta iglesia tiene una Puerta del Perdón que pueden atravesar con los mismos efectos de indulgencia plenaria los peregrinos que por enfermedad no alcanzasen la Puerta Santa en Santiago.

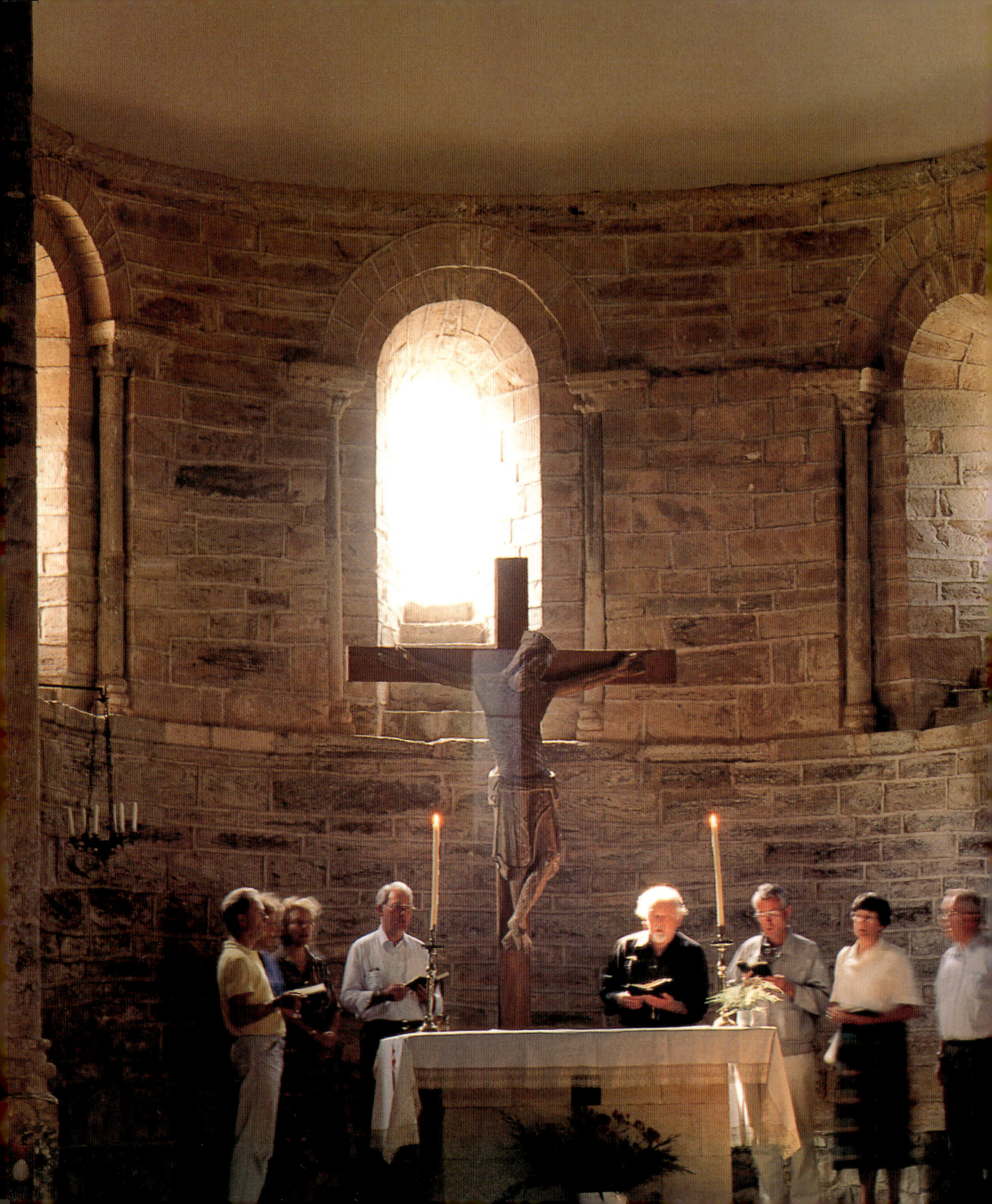

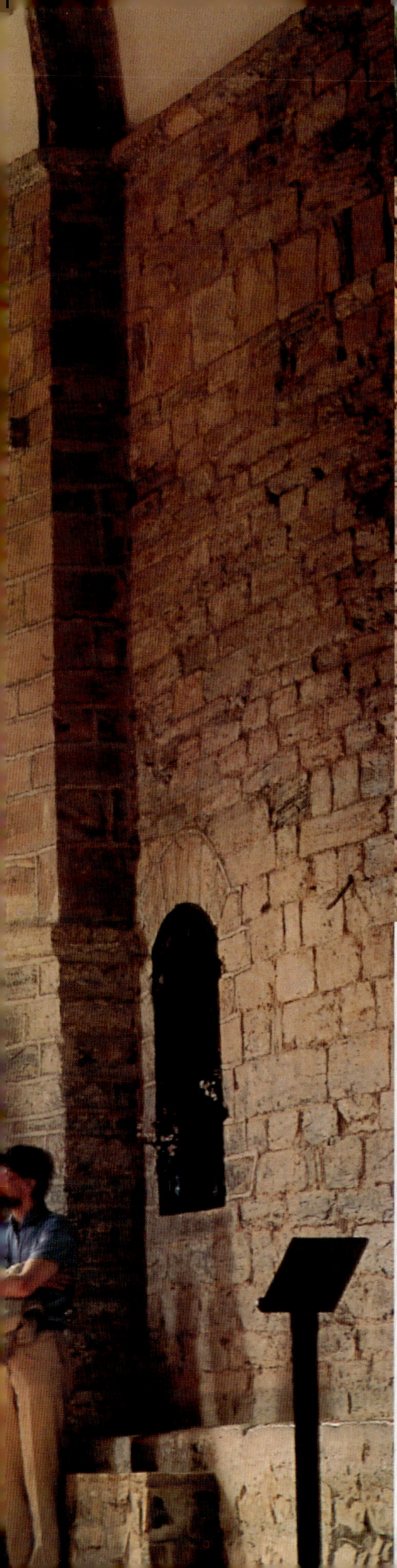
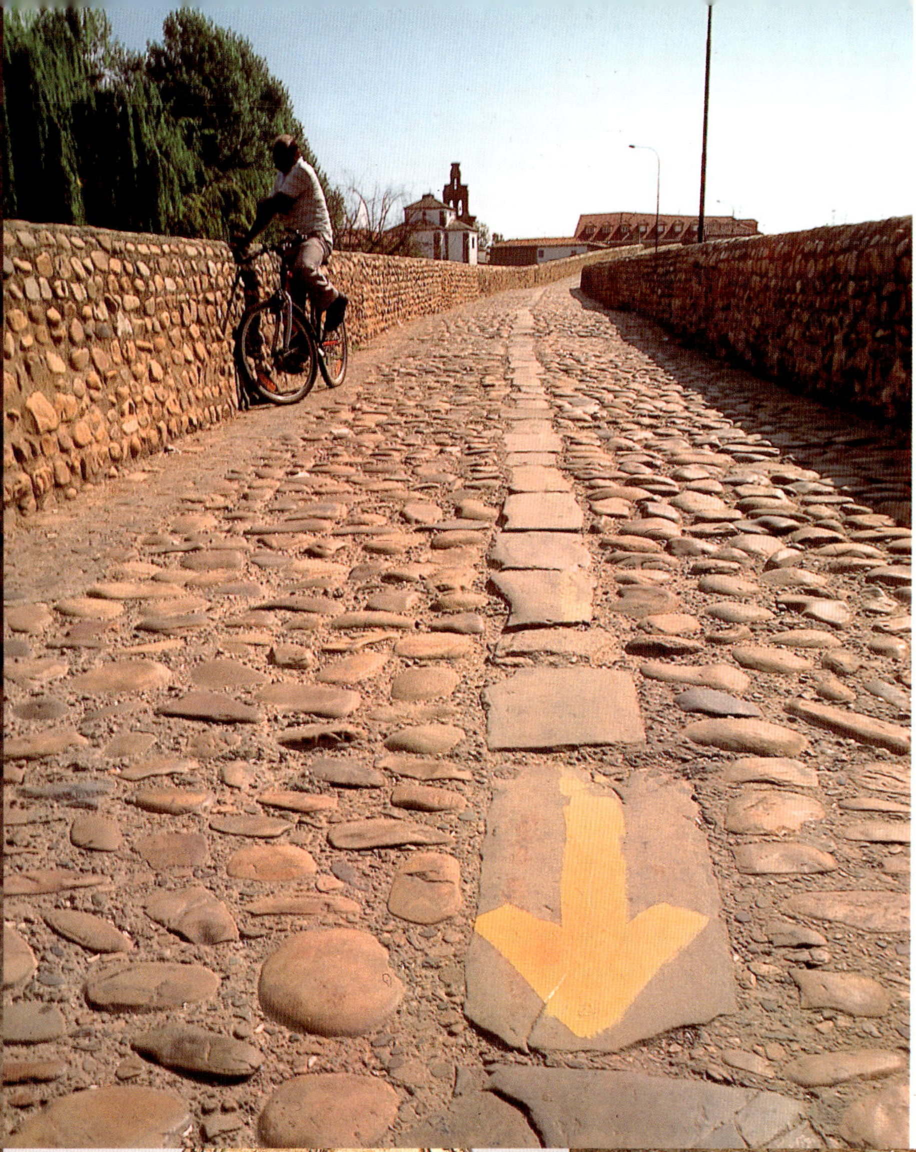
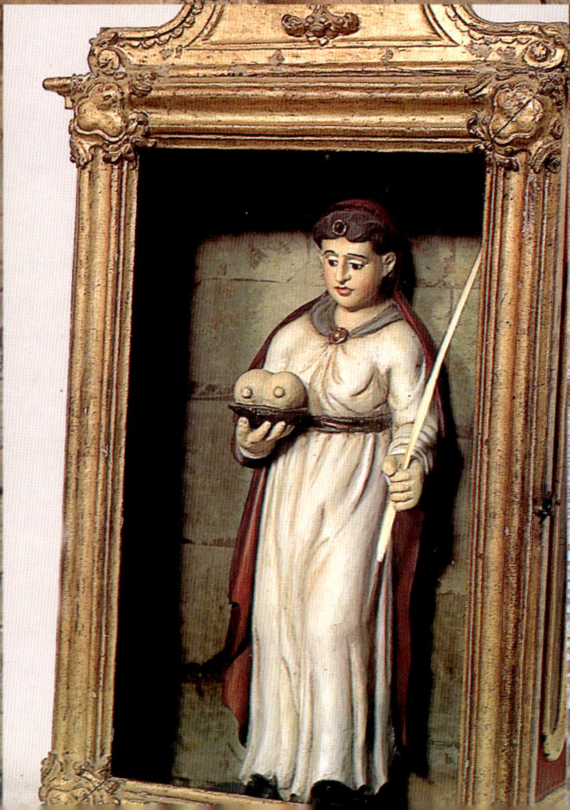
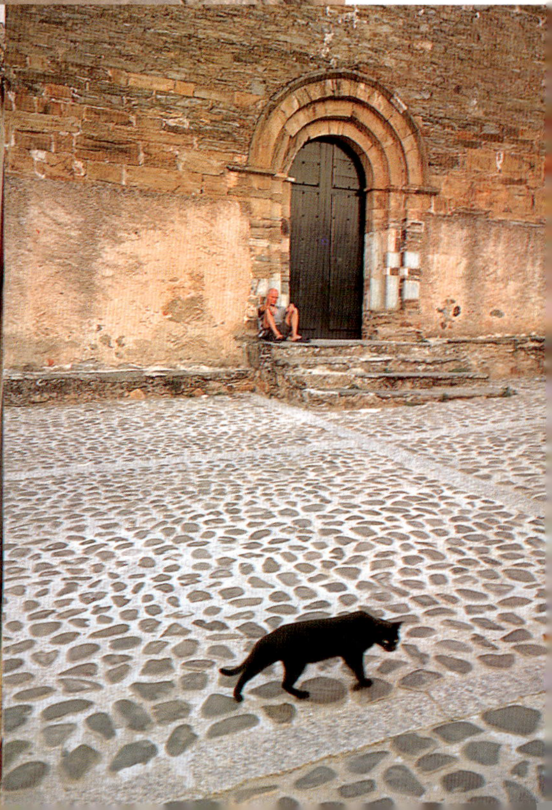

Desde el valle suben campanadas, gente hablando a puro grito, asan sardinas, olor y humo de leña. Es de noche y Vilafranca es silenciosa, hermosa y triste.

Por la mañana Isaías reemprende la andadura desde el albergue. Es un joven brasileño de Santa Catarina, en el sur del Brasil, que estudia ingeniería, y dice hacerlo por razones vagas de espiritualidad. Se apoya en un cayado que le ha dado un pastor subiendo los Pirineos desde Saint Jean Pied de Port, le ha sido muy útil. ¿Quién ha dicho que no existe el ángel del Camino?

Peregrinos alemanes cantan himnos sobre el puente en la mañana de Villafranca

A subir O Cebreiro

Salimos por la calle del Agua, donde acaba de ser tirada la casa donde nació el Padre Sarmiento, un clérigo ilustrado que defendió en el siglo XVIII la recuperación de la lengua gallega y la divulgación científica. Curiosamente la Ilustración en Galicia llegó a través de clérigos, como el Padre Feijoo, la gran figura de la Ilustración española, y su discípulo el Padre Sarmiento. La mañana es fresca y brumosa, buena para caminar. En el puente sobre el río, a la salida del pueblo un grupo de peregrinos alemanes le canta al valle himnos religiosos alrededor de un cura católico o pastor protestante. Una manera bien hermosa de empezar la jornada. Llevan una furgoneta de apoyo que les transporta la impedimenta; alguno lleva dos bastones con punta para hacer la subida al Cebreiro que se avecina.

Páginas anteriores, peregrinos alemanes orando en la iglesia de Santiago de Villafranca; el puente de peregrinos de Molinaseca; Santa con los pechos en bandeja en Santiago de Villafranca; el que se cruza en el Camino

Albergue traicionado

Cruzamos la aldeita de Pereje, algún coche de emigrantes que se preparan a marcharse de vuelta, vemos cerrado el albergue. Aunque es pequeño, es uno de los más bonitos y mejores y ahora no funciona como albergue, se ha transformado en un negocio. "Terraza Bar Comidas." Tiene una máquina de Coca-Cola fuera y el negocio está administrado por un hostelero de la zona. Se ha habilitado con una estupenda arquitectura pensada para las necesidades de los peregrinos y ahora en los lugares de humilde descanso para caminantes cansados están las mesas y sombrillas con su propaganda comercial y un puesto de helados. Marchamos apenados.

El Camino está cortado en varios lugares por los desmontes de las obras de las autovías que se están construyendo, no sabemos si se contemplará la existencia del pequeño Camino en el plan de tan grandes obras. Ojalá.

Pasan diez ciclistas italianos, vestidos de tienda de deportes de arriba a abajo. El que va primero se adelanta y se para a grabarlos en vídeo. Todos ríen y saludan al pasar. Entre ellos van los que hemos conocido en Pamplona.

Humildes ofertas en Veiga de Valcárcel

Iglesia de Pieiros en El Bierzo

En Veiga de Valcárcel, aldea a la orilla del río caminan como paseando por un parque dos parejas, ellos caminan y conversan detrás, ellas delante. Un poco más adelante caminan marchosos los cuatro hijos entre la infancia y la adolescencia. Dos matrimonios amigos que hacen un pedazo de Camino con sus hijos. Vemos seguir por la carretera al lado de los camiones a unos peregrinos, ignorando las flechas amarillas; hay gente que hace su Camino de modo bien raro.

Y empieza propiamente la subida al Cebreiro. Es un ascenso por caminos muy hermosos que se bifurcan, para los caminantes por la orilla del río primero, un trecho umbrío y delicioso, y luego dura subida. Y para los ciclistas, subiendo la ladera del monte por caminos con un firme terrible. Por allí vemos las señales de los senderistas, algunas piedras apiladas para indicar la dirección en una bifurcación, a veces hasta una flecha de piedras en el suelo.

Después de un duro ascenso, A Faba es la siguiente aldea, allí el camino que la atraviesa se llama calle Santiago. En Lagua de Castilla (no sabría decir si la etimología es de *lagoa*, laguna en gallego, o de *legua* como ven algunos) allí dos parejas de amigos de Madrid montaron un albergue, compraron una casa vieja, la arreglaron y la abren dos meses atendiéndola por turnos según tienen las vacaciones en sus respectivos trabajos. Ellos han hecho el Camino y han decidido servirlo ahora. Se acaba la temporada y están recogiendo, hoy se van y se despiden de los vecinos.

El Camino a través de Galicia

Entramos en lo que ya es oficialmente Galicia, nos lo avisa una especie de monumento de piedra y esmaltes con escudos a la orilla de este camino montañoso entre retamas y zarzas. En adelante con las flechas amarillas coexistirán unos postes de cemento que van descontando cada medio kilómetro hasta Santiago.

Y ahora nos planteamos el tema del Camino a su paso por Galicia y recordamos lo que habíamos hablado con don Ramiro, el cura de Santa María la Blanca de Sirga, "el Camino en Galicia está demasiado cerca del dinero". La verdad es que el Camino francés fue sobre todo una ruta transpirenaica, de franceses, alemanes, belgas... Poco frecuentado por los peninsulares, que peregrinaron poco a Santiago, lógicamente menos peregrinaron aún los de Galicia. El Camino lo han hecho históricamente los que llegaron de fuera de Galicia y esto se nota.

Peregrinar en romería

Yo diría que, lógicamente, el espíritu del Camino está fuera de Galicia. Aunque desde el pasado Año Santo Compostelano, el Xacobeo del 93, ha habido un cambio que

La flecha en la aldea

probablemente se reafirme e incremente en el 98: numerosas parroquias de Galicia se echaron a andar hacia Compostela. Gentes que habían abandonado el viejo hábito de caminar, parroquias enteras, se pusieron de repente a andar por la orilla de las carreteras en varias jornadas hasta Santiago. Ese año uno se cruzaba de noche por la carretera con hileras de hombres, mujeres y niños de todas las edades, Santas Compañas de vivos. A su modo, a modo de romería, los gallegos están haciendo suya la idea de peregrinar a Santiago. Es un modo antiguo de asimilar una idea nueva. Una idea que, por cierto, les llegó a través de los medios de comunicación. La televisión les recordó lo que tenían delante.

El peregrino a su paso por Galicia va a comprobar que la Xunta ha hecho una apuesta fuerte por el Camino; si en otros lugares se ven las inversiones de fondos propios y europeos, aquí se ve más. Y creo que eso es bueno. También es cierto que a veces se han hecho intervenciones a la brava que afectaron a tramos del Camino, pero esencialmente aquí es donde mejor va a poder andar el peregrino y es el tramo que está más recuperado. También donde más y mejores albergues hay, se han habilitado escuelas unitarias en desuso y se las mantiene en funcionamiento como albergues.

El ideal y la burocracia

Naturalmente que donde interviene la Administración y no la devoción de los Amigos del Camino se nota. Se nota en su impersonalidad y en su carácter más burocrático. Algunos

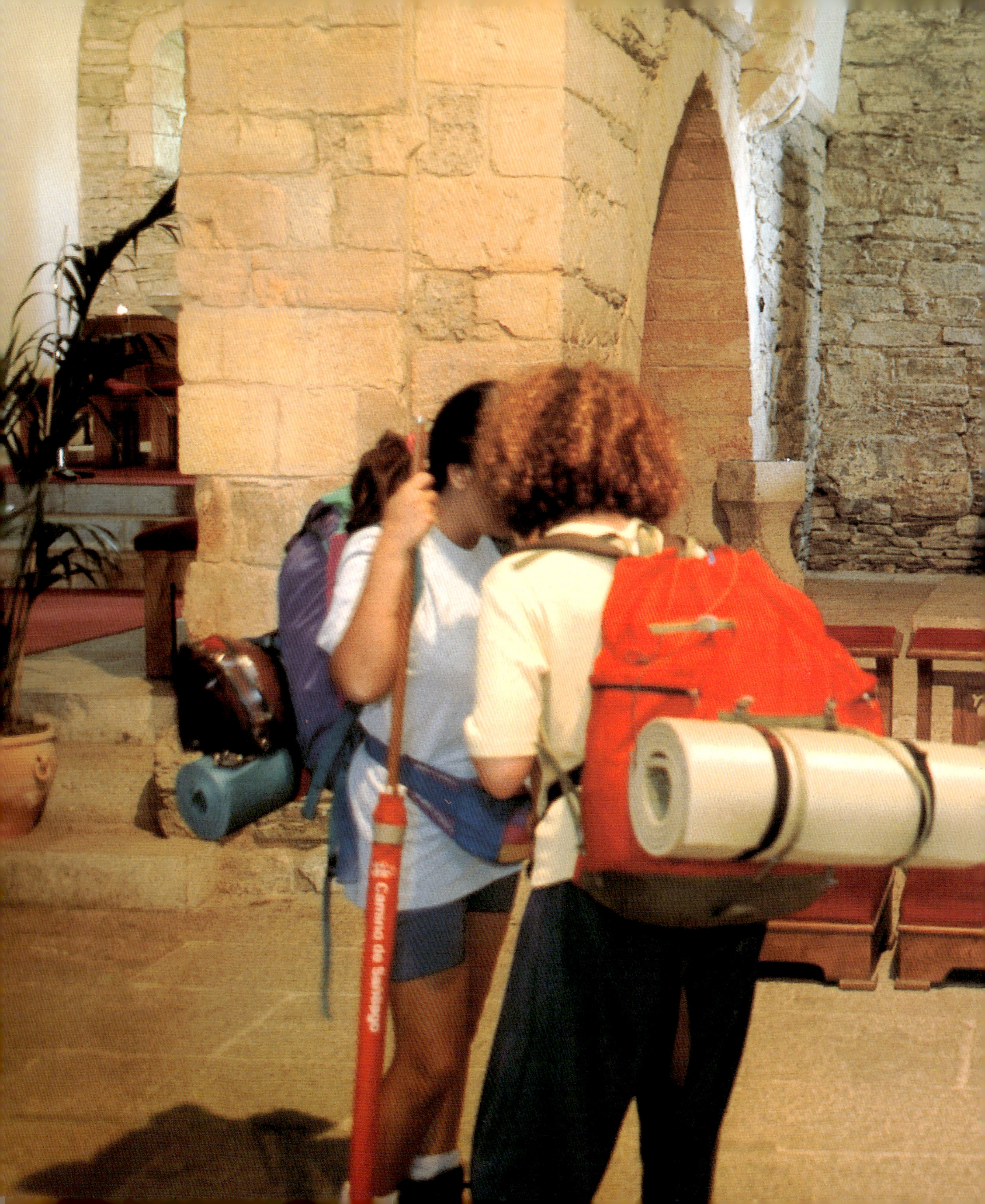
Camino de Santiago

El grial de O Cebreiro
ilumina a quien se acerca

Tumba de Elías Valiña,
párroco de O Cebreiro,
revitalizador *do Camiño*

peregrinos se quejan de la ocasional falta de consideración de la encargada de un albergue aquí o allí. Es cierto, las encargadas carecen del espíritu del hospitalero, son personas con contratos modestos y necesitadas de ese empleo que se preocupan más de conservar en buen estado las instalaciones, para que les renueven el contrato, que de socorrer al peregrino. Eso puede conducirles a dar una vuelta completa al motivo original y ver a los peregrinos como los enemigos de quien proteger las instalaciones de los albergues. Lo ideal sería que el hospitalero creyese en el ideal de servir a los peregrinos; pero eso es algo que deberán hablar y solucionar la Administración y las asociaciones de Amigos del Camino. Y precisamente en este país de los difuntos esas asociaciones son casi fantasmas.

La llegada a O Cebreiro

El peregrino llega exhausto a O Cebreiro. O Cebreiro ha cambiado mucho estos últimos años, si hace menos de diez años los peregrinos dormían en alguna palloza sobre la paja y luego se inauguró una hospedería junto a la ermita, hoy es una aldea que se está rehabilitando completamente, hay un estupendo albergue para peregrinos a la salida del lugar y han abierto varios hostales. Una palloza restaurada como museo antropológico. Claro que todo esto es comercio, como comercio son unas furgonetas que dentro y fuera del atrio venden verduras, frutas, ajos..., es domingo. Sin embargo el comercio es parte del Camino medieval, que fue en su día también "vía mercadera". Hoy ha cambiado ese carácter de mercadera por la de turística, y cada año más, pero son dimensiones distintas de un fenómeno complejo. El Camino es un ser vivo de estómago poderoso y traga y lleva dentro todo.

Hasta es comercio modestísimo el puesto de un hombre descalzo, barbas y largas melenas, que ofrece libritos autoeditados con chistes. En la portada una foto de un hombre bien peinado, con bigote y corbata, que es él mismo en una encarnación anterior.

La gruta románica

Entramos en la iglesia de Santa María de O Cebreiro y aunque es un domingo de sol y a nuestro alrededor pasea más gente con sus cámaras, podemos imaginar parcialmente lo que debieron sentir los peregrinos que llegaron hasta aquí en invierno, debilitados por la subida del monte que acababan de hacer y después de haber pasado peligros y trabajos que hoy nos cuesta imaginar. En esta pequeña iglesia, un útero de piedra santa y románica, es donde mejor veo la religiosidad del Camino.

Paisaje gallego

Sólo perturba la insinceridad de un canto gregoriano que suena como música ambiental y que pervierte el lugar. Que los turistas usen el templo para satisfacer su curiosidad en vez de para orar es legítimo mientras no impidan la oración, pero que sea el propio clero quien transforme el ámbito sagrado en tramoya con banda sonora, un videoclip estático, aunque sea con una música nacida en su día para el culto, es una confusión lastimosa. ¿O no?

La demanda del grial

En una capilla lateral está expuesto el grial del Cebreiro, que centra el escudo de Galicia, uno de los varios griales que hay en Europa. El grial es el recipiente sagrado celta y la copa de la Última Cena en la versión cristianizada del mito. El grial es la pureza inalcanzable y que debe ser siempre procurada. El grial es lo inexistente que debe ser demandado. El grial es lo más antiguo que debe presidir el horizonte.

Una vecina de esta parroquia le reza de rodillas a esta modesta copa. Detrás de ella un hombre graba en vídeo al cáliz y a la mujer rezando. Detrás de él yo los contemplo a los dos y quiero que todo tenga un sentido que los abrace a ambos, e incluso me englobe a mí.

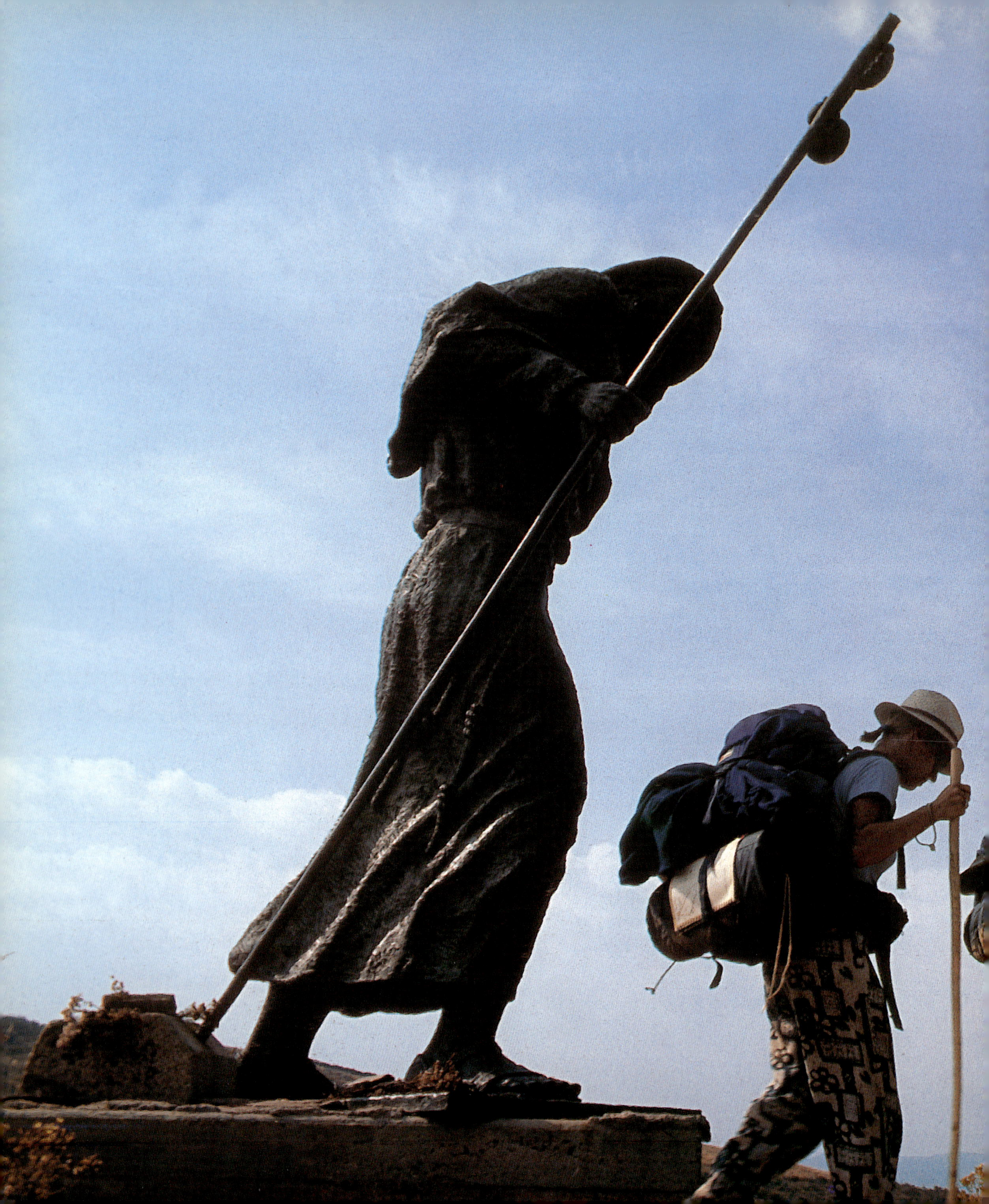

Páginas anteriores,
el Alto de San Roque,
las peregrinas de carne
y el peregrino de bronce

El cáliz es modesto y al tiempo irradia su presencia imponente. Pequeño, tosco y hermosísimo. Viene de un tiempo remoto y llega cargado con el misterio de lo fundacional y de la leyenda. Hace muchos años un sacerdote hacía misa en un domingo de grandes nieves, el único feligrés aquel día era un viejo que había ido hasta allí desde un lugar apartado desafiando al temible invierno. El sacerdote consideraba lo absurdo y lo ingenuo que era aquel viejo que le obligaba a misar sólo para él mientras consagraba ese cáliz con el vino, en ese momento el vino se volvió sangre de Cristo. Una lección de fe.

El peregrino de bronce

Desde O Cebreiro el sendero baja y luego sube al alto de San Roque. Queda atrás aquel inesperado bullicio turístico y reencontramos el silencio. Allí una figura de un gran peregrino en bronce preside los valles de la cordillera que suelda y separa al viejísimo macizo Galaico, de la era Arcaica, de la Meseta, de la Terciaria. Montes que van de Cervantes a O Courel, los bosques de hayas, los ciervos, el lobo... La montaña sagrada y el silencio.

A la precaria sombra del peregrino de bronce detenido para siempre en un paso animoso descansan dos jóvenes belgas, llevan dos meses caminando desde Le Puy. Contraste entre el peregrino literario con sus ropas medievales reglamentarias y las peregrinas de verdad: cansadas, con gafas de sol, botas de *gore-tex*...
En este momento están descorazonadas, les faltan las fuerzas físicas y morales para continuar.

Hasta ese alto suben en coche unos vecinos de Quiroga de Courel a tomar el aire, apenas una brisa cálida; en el valle el calor de este verano que se prolonga y tanto ahoga. Pasa un camión de bomberos forestales. Las dos jóvenes se deciden a continuar y arrancan fuerzas de algún lugar dentro de sí para caminar.

Máquinas del Camino

El Camino continúa hermoso y sobre tierra seca que dentro de unos días, cuando llueva, será barro. Atravesamos algunos lugares de pocas casas con el piso de cemento cubierto de bostas que secan al sol, hedor. Alguna máquina de refrescos en lugares inopinados, plástico y lata de colores brillantes y frescos tentando al caminante sediento. Es muy frecuente la presencia de máquinas dispensadoras de bebidas de la reconocida casa Coca-Cola, tanto que uno piensa si no estará ya patrocinando la peregrinación.

La comunidad y el extraño

En Hospital da Condesa tienen un albergue moderno. Beben del pilón de una fuente vacas castañas y negras, patrullan gallinas, vacas sueltas con cencerros. Un hombre vestido con camiseta de rayas y pantalón de camuflaje traído de la mili, de gran parecido a Mel Gibson si Mel Gibson trabajara al sol y al frío, conduce unas vacas al establo de cemento. En la puerta de una casa dos bandos municipales, sobre el marcaje de terneros y sobre un censo de hórreos.

La iglesia de esta aldea es antigua, pequeñita y lindísima; su puerta de madera, decorada con la vieira y la Cruz de Santiago está cerrada. Fuera, un perro echado espera a su amo o ama que está con el resto de la comunidad detrás de la puerta maciza. La religión comunitaria, nosotros somos ajenos y estamos excluidos, entrar sería un acto de violencia. Sólo podemos espiar por el agujero de la gran cerradura; espaldas de labriegos en domingo, un cura habla en gallego de la caridad; viene desde Lugo los domingos a decir la misa, hoy las parroquias ya no tienen cura, no hay bastantes.

Un vecino nos cuenta orgulloso de su vaca que tiene veinte años y da doce litros diarios. Por la era de Mel Gibson pasean unas ocas, le pregunto por ellas, ponen un huevo cada dos días pero cada huevo vale por cuatro de gallina; un huevo casi hace una tortilla. Y para defender la casa son mejor que el perro. Indago si hay un sentido esotérico en esa presencia repetida de las ocas, el se escapa diciendo que fue un capricho. (Quién sabe si Mel no es un templario secreto.)

Un cómodo regreso

En el alto do Poio, donde siempre hubo un *poio*, un arrimo donde sentarse a descansar, hay un bar; parroquianos y peregrinos. En el bar tienen sello y un libro para que escriban los peregrinos, en las páginas que están abiertas hay frases en alemán, brasileño, italiano, castellano y holandés. En una pared un cartel, en adelante veremos otros semejantes: "Un largo camino... *A long way...* Un *long chemin...* Un cómodo regreso... *A confortable return...* Un *retour confortable...*". Propaganda de una agencia de viajes que se ofrece para la vuelta desde Santiago.

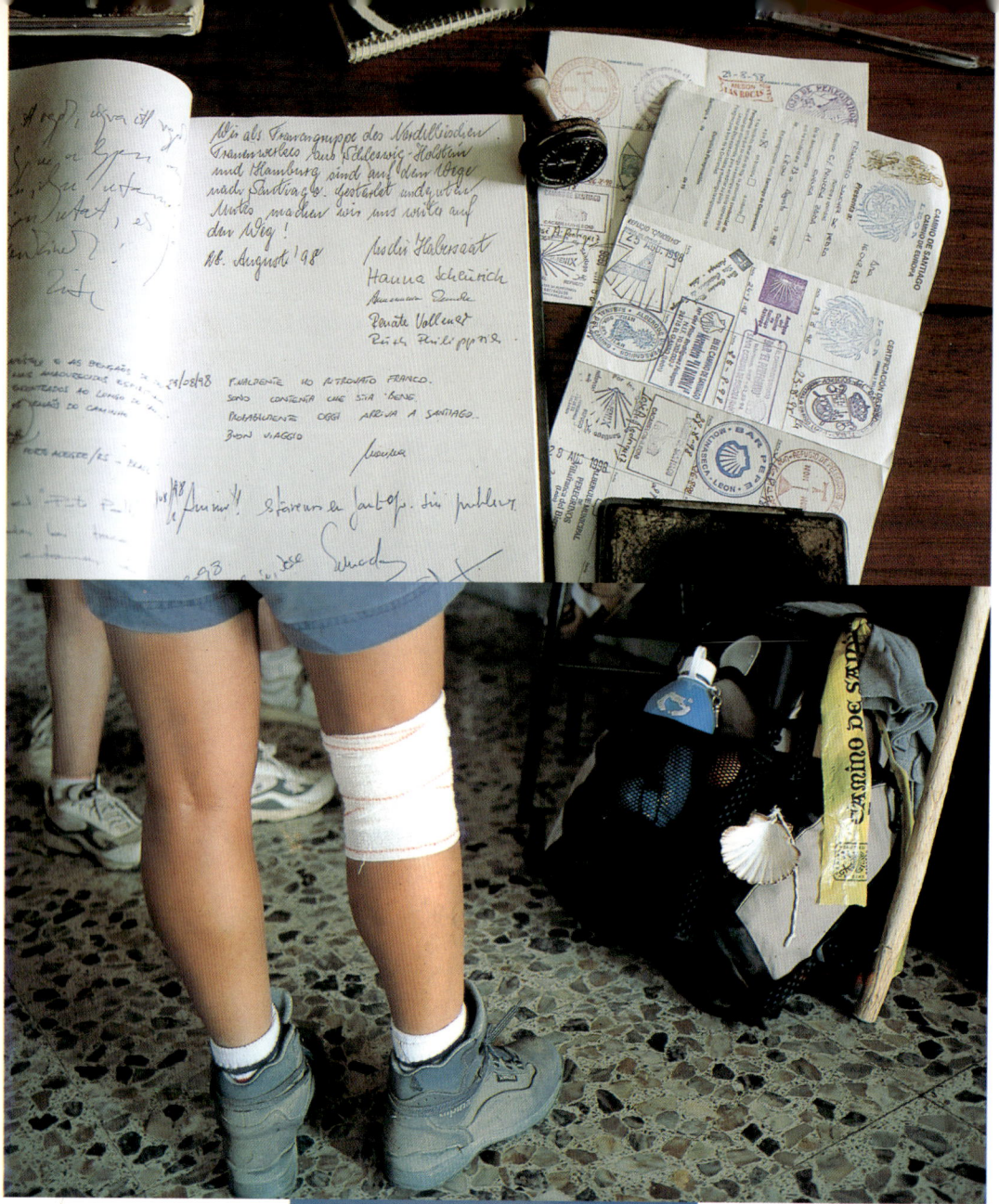

Libro de firmas, credencial de peregrino y sello de un bar

Contra el parecer médico, el peregrino aguanta y sigue a Santiago

En el Alto do Polo, el peregrino pasa y la vaca se queda

En una mesa, una chica de Barcelona y una pareja de Córdoba que han formado grupo caminando. La chica de Barcelona vino porque le hablaron diversas personas del Camino, había leído el libro de Paulo Coelho... un día en el tren alguien le volvió a hablar del Camino y sintió que tenía que hacerlo. Está muy cansada, una vez estuvo tentada de desistir, de llegar en un autobús; resistió la tentación. El joven de Córdoba es la segunda vez que lo hace, ahora viene andando y se lamenta de haber llegado a Santiago por primera vez en bici.

Por el Camino, *corredoiras* que a veces avanzan en sombra, ciclistas y caminantes. Uno de Ferrol va con su hijo de diez años; él hizo el pedazo gallego el año pasado, pero el hijo se empeñó tanto en venir que ahora lo vuelve a hacer. El chaval va destrozado. El hombre nos comenta algunas informaciones que se transmiten unos peregrinos a otros, que si Paul Newman está en estos momentos peregrinando en algún lugar del Camino, que si ha llegado una expedición a Pamplona de doscientos brasileños...

La devoción y los signos para la gente que pasa

Los tres sellos de Triacastela

La entrada en Triacastela es muy bella por un camino bajo robles. El albergue nuevo está muy bien. Enfrente, fuera de todo contexto, una espantosa casa de tres pisos, como trasladada de una calle ciudadana y posada entre la hierba. La anarquía urbanística gallega y el abandono de los aldeanos a la propia tradición rural está destrozando el país, su cuerpo y su alma.

Estamos en Triacastela, capital de los terremotos que se suceden continuamente desde hace un par de años; inesperadamente en un viejísimo suelo agnostozoico la tierra se sacude rejuvenecida, no sabemos qué anuncia. La iglesia, con las tres torres que han dado nombre a la localidad estampadas en el campanario, está llena de gente. A su alrededor el atrio es cementerio atestado de tumbas, rectángulos de mármol. El cura habla con voz enfática en un castellano con prosodia gallega, la gente sale de misa hablando en gallego; una mujer llora y es consolada por una mujer más joven, se acercan a una tumba, llora más; era una misa de aniversario por el difunto.

En el interior, ahí está Santiago Peregrino presidiendo el retablo, más grande que Cristo o la Virgen. Entra una familia de turistas gallegos, la madre y las dos

En cualquier recodo, latas brillantes y frías para el caminante sediento

hijas pequeñas se sientan en los escalones justo delante del altar con el sagrario encendido, el padre dispara la foto. Ahora nos pide a nosotros si lo podemos fotografiar con su familia, disparamos. Un papel anuncia las misas en inglés.

En un cruce del pueblo se anuncian dos bares distintos con el auténtico sello parroquial, eso nos desconcierta porque un par de kilómetros antes otro letrero anunciaba que el sello parroquial estaba en un tercer establecimiento distinto. Nosotros, por si acaso, estampamos en nuestras libretas los tres.

Las casas de comidas son bares modestos, pero todos aceptan tarjetas en esta aldea. Un anuncio de una sala de fiestas de Becerreá: "*Full Monty* y *Sexy Girls*", o sea que se desnudan ellos y ellas. El pecado campa a los lados del Camino.

Entramos en un bar. Botellería fina: botella del Real Madrid (dispensando) flanqueada por botellas con la bandera española y el escudo de la Guardia Civil, la Armada y la Policía Armada. Aquí se debe comer bien, nos decimos; gritamos "¡vivaspaña!" y pasamos al comedor.

Los símbolos, la imaginación y el *kitsch*

Ejercicios de inglés, mestizaje, argentinos, italianos

En el comedor, sobre el mantel de papel algún niño o niña de la casa ha olvidado sus ejercicios de inglés. A través de la ventana, los bordes de ladrillo al aire y carpintería de aluminio, vemos un hermoso paisaje de prados, un camino entre los robles. El vino que nos sirven dice ser de la casa pero en realidad es de uva de muchas casas y no siempre da buen resultado el asunto del mestizaje ese; véase el caso.

Se sientan a comer en nuestra mesa tres de los asistentes a la misa de aniversario. Son más o menos argentinos, las dos mujeres han emigrado de aquí. Uno de ellos, debe ser el marido argentino de una de las dos mujeres, viendo el paisaje exclama *"ehto e la selva"*.

Un camión de bomberos forestales se adentra por el camino entre los robles. Pasan los ciclistas italianos.

El televisor está sintonizado en la Televisión Gallega, emite un reportaje sobre el Camino: piedras y monumentos. Habla el presidente de la Confederación de Empresarios de Hostelería, detrás de él, colgada en una pared, una rueda de carro de bueyes.

En una mesa una peregrina acaba un plato de bistec con patatas fritas, cerveza y luego un helado; una dieta imposible que le hará sudar la gota gorda por la tarde.

Por una vereda umbría y pedregosa un peregrino inglés empuja la bici cuesta arriba, un poco más adelante otro mea arrimado a un árbol. (¿De que tiempo remoto nos viene a los hombres esa querencia por arrimar la meada a algo? Arrimar la meada, otro de esos temas que aún no han sido dilucidados y que dan mucho de sí para una buena tesis.)

Desvío y sueño del roble

El Camino de peregrinos actual más utilizado es el que va de Triacastela a Sarria por el lugar de Balsa, es más recto y útil para quien lleva los días contados, pero nosotros nos desviamos hacia Samos que era una ruta muy seguida por los viejos peregrinos que no entendían el viaje como una línea recta sino como una sucesión de santuarios que visitar y de estaciones que formaban parte del peregrinaje.

Paramos a descansar la carne con patatas en una robleda junto al Camino. Sopor. A través del sueño pasos pesados, alentar fuerte..., hay vacas a nuestro lado. Han aparecido mientras soñábamos en esta *carballeira* mágica. Un ave de rapiña planea en el aire caliente; si lloviese..., pero aún no lloverá. La cabeza, la columna y las piernas del

Dos perspectivas de Triacastela

caminante dejan una silueta en hueco en el lecho de hojas secas de roble. ¿Quedará algo de uno allí caído?

Un roble enorme al borde del Camino, ¿trescientos, cuatrocientos años? Cuántos ojos de peregrino lo habrán visto al pasar. Yo lo miro e intento que me devuelva algo de esos mirares. Entonces lo reconozco, comprendo que he estado soñando que era un roble.

El monje amargo y el monje dulce

En el impresionante convento de Samos vemos algo de lo que fue el poder del cister. Nos recibe un fraile malencaradísimo que nos conduce hasta un grupo de gente, visita guiada, a quien les explica el monasterio un fraile muy joven y muy bien nutrido. Es ameno y ejecuta una profusión de gestos algo amanerados.

Se me ocurre una reflexión sobre los efectos domesticadores de algunas profesiones que son un modo de vida. El efecto de la falta de trabajo físico y de la reclusión en amable domesticidad. De hecho me pregunto si mi propia profesión y modo de vida no es también domesticador y si no será eso lo que nos lleva frecuentemente a los escritores a hacer alardes de virilidad, para conjurar y negar nuestro carácter de mirones pasivos. Mejor dejar estas filosofías ahora y volver al convento. ¡Cacho convento!, tiene dos claustros.

En uno de ellos una fuente sostenida por nereidas, sirenas tetudísimas para tormento de votos de castidad. Escrito en una clave de la bóveda: "¿Qué miras bobo?". En el otro claustro una estatua del Padre Feijoo, aquel clérigo ilustrado que legó al convento su biblioteca entre la que se incluía la *Encicopedia*; un día ardió completamente.

Una placa recuerda el retiro allí del poeta Ramón Cabanillas, excelente poeta galleguista republicano, autor de himnos revolucionarios y de delicados sonetos a una flor o un vino; murió retirado en un convento y enterrado con hábito franciscano.

El convento tiene grandes murales, piensan concluir uno inacabado. En uno de ellos está retratada Sarita Montiel como monjita, la musa de la época, y el tema de una famosa canción, un angelito negro. El joven clérigo habla para muchachas jóvenes de altos tacones y carnes ceñidas como si nada. Un hombre lo escucha explicar la Anunciación y el misterio de la Encarnación con un palillo en el canto de la boca y una mirada de escepticismo tremenda.

El joven fraile bromea sobre el entierro de los monjes en el propio convento, "así todo queda en casa, al otro lado no te vas a llevar nada". Choca cada vez que uno oye a un clérigo hablar en broma de la muerte. En realidad nunca he oído hablar a un cura con convencimiento de la vida tras la muerte, es como si en el hueco del discurso comunicasen escepticismo, a través de su tono o de algo que falta.

En Samos, Sarita Montiel profesa de monja y va al cielo, donde le espera un angelito negro

¿Cree la Iglesia del siglo XX realmente en cielos, infiernos o limbos? No sé si le será posible a alguien olvidar lo que sabemos y creer en la vida eterna, por lo menos en la forma en que nos ha sido explicada, en la forma que ilustran los retablos y las portadas de las iglesias. Quizá los contemporáneos sólo podamos aceptar algo menos gráfico aunque comprensible, que la energía ni se crea ni se destruye, sólo se transforma. Probablemente ésa sea la única eternidad a que podamos aspirar humildemente.

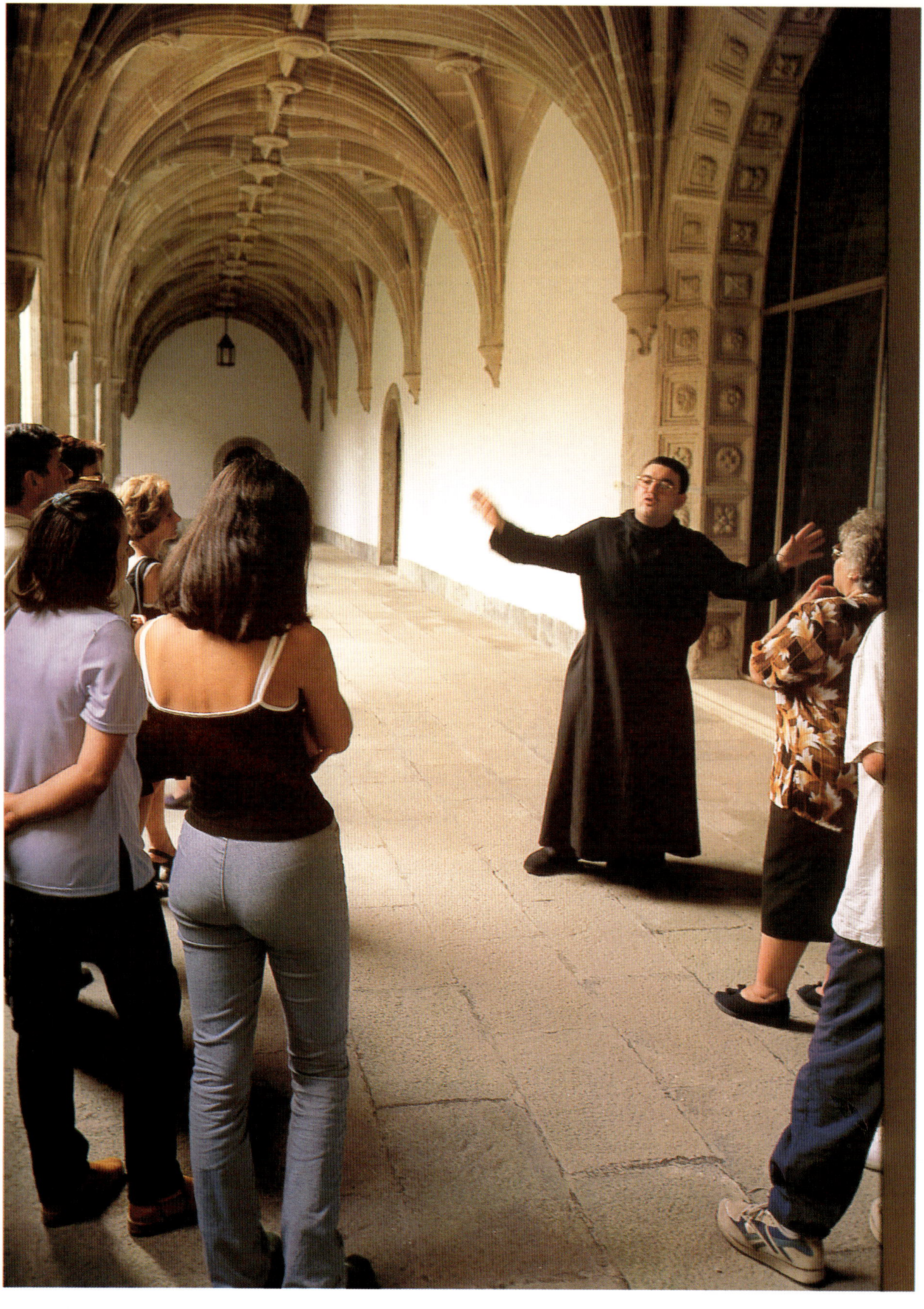

Explicación en Samos

El joven monje disfruta explicando, y lo hace bien y con gracia. Ahí queda la estatua de Alfonso II el Casto, que fue educado en este convento de niño durante nueve años, luego se hizo rey y un día aceptó creer a un eremita que en medio de un oscuro bosque, sobre un antiguo enterramiento, se aparecía una estrella con una estela que descendía retorciéndose hasta una tumba. Cuentan que así empezó todo.

Sarria es una de tantas villas gallegas que han perdido su gracia a golpe de edificios innecesariamente altos y vulgares, aunque conserva alguna calle y algún monumento notable. Cruzamos un puente donde se yergue un enorme conjunto escultórico en granito de ¡Zimbabwe! de una escultora local, cosas como ésta se yerguen en la villa que fue cuna del gran escultor Gregorio Fernández. Cuna también, por cierto, de Fray Luis de Granada, que se llamaba realmente Luis de Sarria.

El Camino por San Salvador de Sarria

Por la rúa Maior subimos a la iglesia de San Salvador con un tímpano con figuración muy primitiva. Una placa de metacrilato en una pared nos recuerda que la iluminación de que goza el templo fue inaugurada por... Enfrente, donde estuvo un hospital de peregrinos está hoy un moderno albergue. Y a un lado, dentro de una propiedad privada que prohíbe las visitas, una torre de un castillo destruido por los Irmandiños, alianza de labriegos, burgueses y baja nobleza que derrotó a la nobleza gallega y destruyó casi todas sus fortalezas en el siglo XV.

Seguimos una de las más hermosas veredas bajo robles y cruzando regatos, vereda íntima en la tarde. Por entre las ramas desciende el rumor atronador de un helicóptero. No es posible escapar a nuestro tiempo.

Románico aldeano, la memoria de la vieja muerte y la rectoral en Santiago de Barbadelo

Corazón salvaje

Entre estos nichos la gente se ama en la oscuridad; detrás, se baila y se juega al fútbol

Llegamos a Santiago de Barbadelo, parroquia con iglesia románica en la que se representa en el tímpano sobre la puerta al Salvador tan esquemáticamente que es puro arte primitivo, aún no enseñado y sometido a reglas de estilo. Arte salvaje, o sea, conceptual.

El tropezar con el cristianismo más primitivo nos recuerda que la religión es lo que es, percepción mágica, mítica; esoterismo. La evolución del cristianismo en Europa son siglos escapando a su origen. Qué lejos está la magia aldeana de esta figura simbólica de trazos esquemáticos de Tomás de Aquino.

Canta una gallina en el corral de la casa rectoral. En la huerta juega una niña junto a una pequeña piscina hinchable.

En una esquina del atrio un trozo de una cinta que ató una corona de flores traído por el viento desde los panteones de la parte trasera. Leemos en ella "hijos y nieto" en letras doradas. En esta tarde calurosa de principios de septiembre la vida fermenta y bulle bajo la tierra, alimentándose de lo que ya fue. Y los vivos, los que son, caminan dejando atrás a los que ya fueron hasta encontrarse al fin.

En el suelo y en las paredes laterales se conservan los huecos donde se apoyaban columnas y vigas de una cubierta de madera que en su día cubría los laterales de la nave de piedra. Pensamos que las viejas iglesias eran así y no vemos que les falta la arquitectura en madera que las completaba. Tenemos un sentido paisajista, pictórico, de los templos y sin embargo no eran para ser vistos desde media distancia. Eran edificios para ser usados y no para ser contemplados, sólo se contemplaba las ilustraciones pintadas en las paredes, hoy casi todas desaparecidas por la humedad y sepultadas bajo cal, y las figuras talladas.

Aparición de Pelegrín

Al otro lado de la pista un albergue que fue escuela con la figura del Pelegrín pintada, sin duda opta al premio Adefesios del Camino. Junto a él, un palco de música y un campo de la fiesta, que también sirve para jugar al balón y que linda con el alto muro de bloques de hormigón del cementerio.

Aunque las rodillas están mal, faltan dos días y el peregrino acredita orgulloso lo andado

Un poco más adelante en el kilómetro 105 un pilón para que los peregrinos puedan lavar algo, los pies por ejemplo, presidido por una imagen gigantesca del citado Pelegrín. Un Pelegrín tamaño insignia es feo, pero de estas dimensiones arranca el llanto de los niños y pone respeto a los mayores. La fuente este año no echa agua, esperemos que el año que viene sí.

Levantamos una codorniz. Pasa una joven mujer tractorista guiando orgullosa su animal poderoso, su camiseta dice *"Sunset"* y su gorra de visera *"New York"*. Pocas cosas más bonitas que estas fuertes amazonas labriegas.

El demonio travieso

En un bosque dudamos sobre qué vereda seguir, un inesperado anciano con traje de domingo y sombrero de pajilla que nos habla en una desconcertante mezcla de gallego y castellano, el mestizaje ese, nos orienta por un camino que no tiene salida.

La mancha amarilla sube, baja, se arrastra, salta el vallado

Desandamos y ya no está, nos preguntamos si el demonio no se le presentará a los peregrinos en la apariencia de aquel viejo.

Un zorro aplastado por un coche en una pista.

Noche de fiesta

Llegamos al albergue de Ferreiros, un lugar de casas que en tiempos trabajaron para la herrería de Samos. Justo delante del albergue, el campo de la fiesta; allí ya están instalados los pequeños camiones de los modestos feriantes con sus baratijas de plástico de color para los niños de la aldea; un par de perros pequeños y niños errantes, listos, sucios y tristes. Los peregrinos que ya se han instalado en el albergue para esta noche y han tendido la ropa a secar no lo saben, pero esta noche no podrán dormir: hay fiesta. Ayer hubo churrascada y queimada, hoy baile. Si supiesen descifrar los signos y los carteles clavados en los robles y si alcanzasen a imaginar el vozarrón que tiene esa otra cantante de *country-kitsch* gallego que anuncian y el volumen de las orquestas de este país, escaparían corriendo renqueantes con sus ropas húmedas a cuestas hasta otro albergue. Pero están muy cansados, ya están instalados y prefieren correr ese peligro, del que desconocen la magnitud.

Gradación hacia la religión

Un alemán de Colonia de unos cincuenta años con una rodilla resentida relata contento su relación con el Camino, esta es la tercera vez que va a Santiago. Primero fue en una excursión en autobús para conocer la ciudad por sus monumentos. Volvió luego en bicicleta con sus hijos por motivos espirituales. Esta tercera vez vuelve andando él solo parándose a rezar en las iglesias, ya por razones religiosas. Relata esa gradación con una sonrisa de su barba canosa. Va a sufrir para llegar a Santiago con esa rodilla así.

Llega un joven mexicano, cetrino, enjuto, amable y silencioso. Apenas carga equipaje, una pequeña mochila, un sombrero de ala y una leve sonrisa. Estando en España oyó hablar del Camino y sintió que lo llamaba. Detrás de esta explicación tan escueta qué historia habrá: qué heridas y decepciones previas, qué buscas y qué promesas.

Seguimos hacia Portomarín y en un camino pedregoso que desciende hacia la villa nos adelanta una joven y simpática ciclista italiana que viaja sóla, tampoco ella pudo dormir la noche pasada en Sarria, también allí había fiesta. Habría que advertir a los peregrinos de que en verano Galicia es una constante trampa festiva.

Un pueblo entre la vida y la muerte

Al llegar a Portomarín un estruendo de motor nos impide abandonarnos a la melancolía de la caída de la tarde, pensamos que es un helicóptero pero son dos o tres motos acuáticas que corren por la superficie del embalse.

Portomarín fue un importantísimo lugar de paso por su antiguo puente sobre el río Miño, hoy es un pueblo extraño que murió ahogado bajo las aguas de un embalse y renació en el año 62 sobre un lado del valle. En estos procesos traumáticos nunca se puede saber exactamente si el alma transmigra de un cuerpo a otro o si perece en el tránsito. El caso es que el viejo pueblo se perdió de forma terrible, hubo gente que se marchó para siempre, otros se quedaron en las casas y calles ordenadas y limpias que les construyó Fenosa. Durante unos años incluso se pudo pensar que las viviendas nuevas a cambio de las casas viejas era en parte un buen cambio. Hoy, cuando la cultura y la tradición se está revelando como el principal atractivo para el turismo, Portomarín puede en cambio lamentarse del pueblo antiguo que se perdió.

Se conserva en lo alto de la villa la antigua e impresionante iglesia y fortaleza de San Nicolás con su nave única que nos trae inmediatamente el recuerdo de la arquitectura templaria, aunque dependía de la orden de la Encomienda de los Caballeros de San Juan. La iglesia fue trasladada y reconstruida allí, pero los modernos reconstructores nada sabían del mester de los constructores de iglesias y la dejaron mal orientada, su ábside no apunta al este, Jerusalén, ni su puerta al oeste, Fisterra.

Encuentros y reencuentros

Anochece y está acabando un festival de los Domingos folclóricos de Portomarín, sobre un palco con una gran bandera española danza vigorosamente un grupo gallego; luego, siguiendo la música que emiten unos altavoces, danza una agrupación

Portomarín, un pueblo muerto y resucitado

catalana con parsimonia y elegancia. En las escaleras de la iglesia está sentado uno de los ciclistas italianos que hemos conocido en Pamplona y vuelto a ver luego un par de veces, el Camino es un lugar de encuentros y reecuentros. Pasa comiendo un racimo de uvas, ya aseada en el albergue, la ciclista italiana que acabamos de encontrar en el Camino, va con dos jóvenes inglesas que acaba de conocer en el albergue, también vienen en bici.

Le preguntamos al farmacéutico que tal lo del Camino y el turismo, pero dice que: "¡Bah!, no crea". Sin embargo tiene bien expuestos a la vista vendajes, remedios para los pies... por algo será. O tenemos cara de inspectores de Hacienda o la gente de este país es muy difícil de contentar.

Dormimos en una casa de turismo rural que ofrece también cámping, paseos a caballo... El hostelero es un hombre joven y amable que se alegra de que haya acabado la temporada de verano ya que ha tenido muchísimo trabajo. Al fin alguien reconoce que las cosas le van bien. Dos jóvenes alemanas y un perro viajan en coche de vuelta desde Santiago, una de ellas había estado el año pasado y este año ha vuelto con una amiga. La noche en Portomarín es agradable y algo húmeda debido al embalse.

El peregrino viaja embozado y refugiado

La salida de la villa es cuesta arriba y aconseja calma. Un peregrino de Santiago, metódico y animoso, explica que el Camino para él es una terapia contra el estrés y que enseña el verdadero valor de las cosas, del agua, de la sombra, de la amistad... Uno sabe que los peregrinos suelen contar estas cosas porque son verdades, también que las cuentan como cortina de humo para no revelar razones que prefieren no manifestar. En este peregrino no reconocemos en ese momento a un presentador y comentarista económico de la Televisión Gallega, las ropas de caminar, la piel tostada por la intemperie... hacen que mientras dure la peregrinación deje de ser ese personaje social que es todo el año y que la persona, palabra que en griego significa máscara, renazca en una identidad doble: por fuera, el peregrino y por dentro, el niño que uno fue.

Él sí nos reconoce pero, en ese momento, no se descubre; nosotros no nos presentamos tampoco, todos deseamos jugar a dejar de ser. En el Camino nadie quiere hablar de la vida que ha dejado temporalmente ni dar los apellidos.

Pasa una pareja en un tándem, son de la Seo de Urgell, han salido de Somport y piensan acabar en Fisterra mirando el océano.

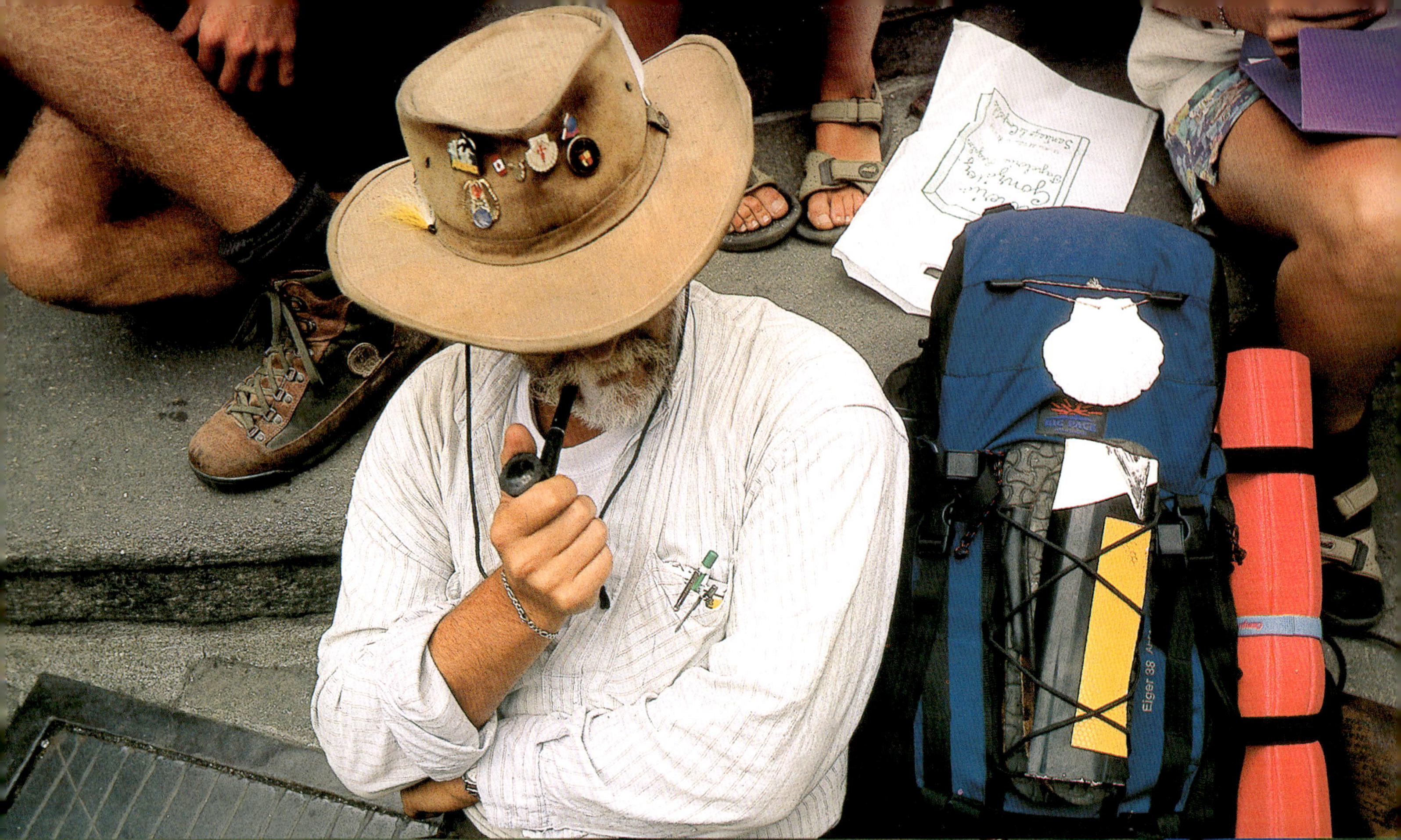
Eiger 38

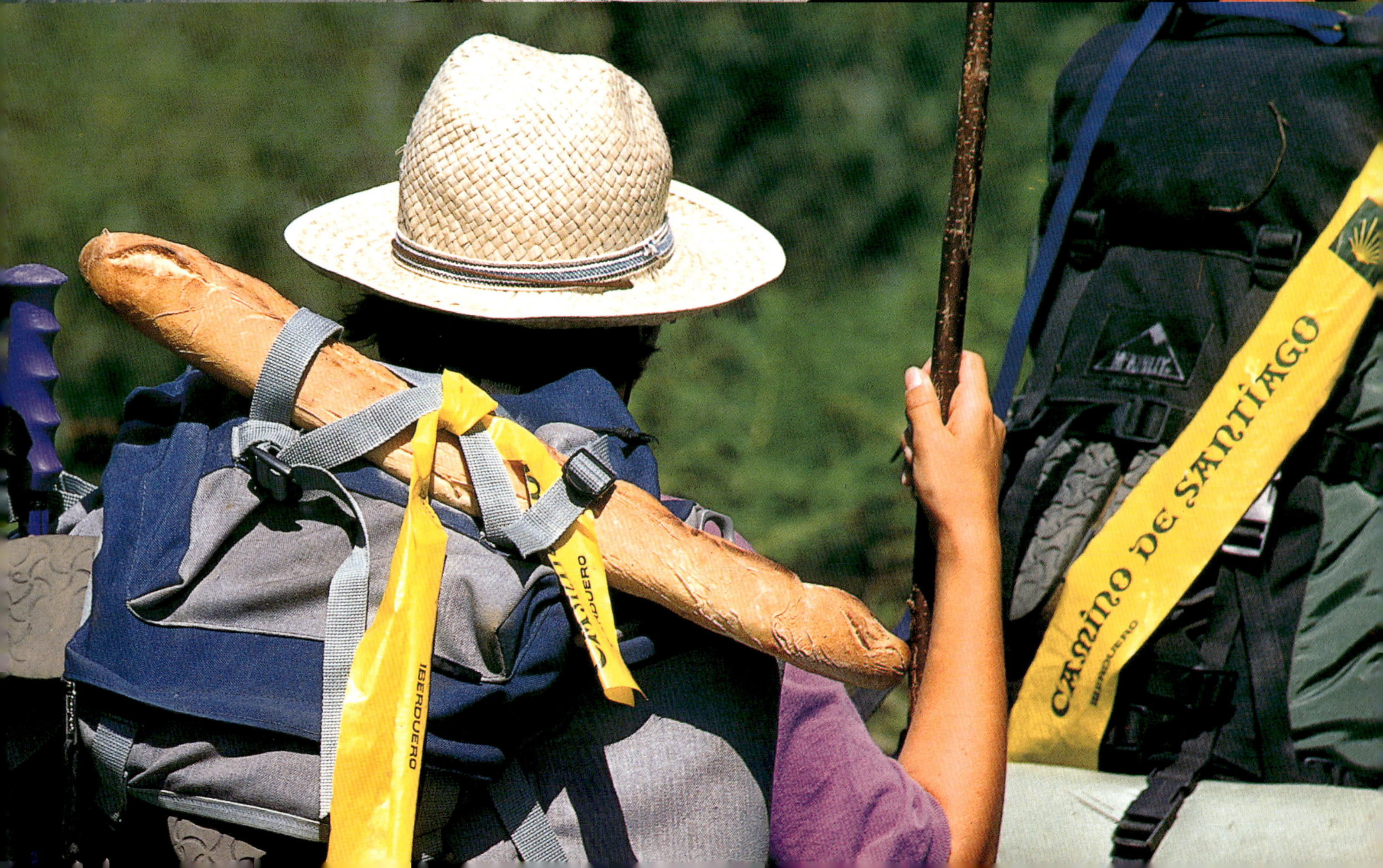
CAMINO DE SANTIAGO
IBERDUERO
IBERDUERO

Con elementos de atuendo semejantes cada peregrino se expresa a su modo

Por el día habrá un alto para comer un bocadillo, fruta y beber agua

Acompaño a una joven italiana inteligentísima y cordial que habla castellano y portugués. Ella quería hacer una vacación que fuese barata y había oído hablar vagamente del Camino, buscó en una librería bien surtida de Milán y para su sorpresa descubrió toda una estantería de libros sobre el tema, muchos eran la experiencia de personas que habían peregrinado. Este es otro detalle revelador de que el Camino es una realidad semisecreta, está ahí y tiene su hermandad anónima, por eso los libros sobre el Camino están ahí y se reeditan continuamente. Ella que quería simplemente hacer una vacación barata acaba de entrar en esa hermandad.

La peregrina intelectual

Anna comprende exactamente lo que estoy haciendo y sabe lo que busco, ha escrito varios libros de poesía y trabaja para el mundo editorial escribiendo libros de sicología *soft*. Me sorprende su autoironía y le pregunto si cree en lo que escribe, contesta que sí, son cosas modestas pero sirven para la autoayuda de la gente. Me cuenta de un modo elaborado su experiencia en el Camino para que la pueda utilizar en lo que escribo. Ella no quiere escribir luego un libro, ni siquiera ha tenido ganas de tomar notas, está sumergida en una experiencia y no puede salir de ella y distanciarse para reflexionar. Yo, justamente, intento lo contrario, mantenerme fuera del curso absorbente del Camino y desde la media distancia descifrar la naturaleza de que está hecho. Si un día el escritor peregrinase está decidido a no escribir su viaje en

La piedad popular saluda a quien pase, de cualquier lengua y cualquier país. Una italiana por tierras de Monterroso

libro. ¿Además, para qué?, si precisamente peregrinar es la oportunidad de dejar de ser escritor, de dejar de ser alguien.

Para Anna la peregrinación ha sido como una pasarela, ha ido viendo desfilar todas las personas vivas y muertas que han pasado por su vida. Reivindica el duro tramo castellano del Camino como una parte esencial, "tampoco en la vida todo son bosques amables, hay partes duras".

En medio del mundo

Un día sentada en el suelo con los pies metidos en el agua fresca de un río se sintió rodeada por los cuatro elementos: el agua del río, el fuego del sol que le llegaba, la tierra en la que descansaba y el aire, espacio abierto que la rodeaba. Y comprendo que eso es una parte importantísima del viaje, la inmersión, la desaparición tragado por el mundo. El mundo, eso que los contemporáneos llamamos con algo de cursilería que quiere reducir su tamaño y mantener a distancia, el entorno.

Me habla de dos vivencias del Camino: el sexo y los sueños. Sobre el sexo he venido interrogándome madurando una impresión, pero lo de los sueños me sorprende y me atrae.

El sexo se hace débil

La sexualidad se debilita en el Camino. Anna cree que las razones son el cansancio extremo de los caminantes, la falta de privacidad en los albergues donde se duerme en cuartos compartidos con numerosas literas y debido también a un amor general que hace que la persona se abra en todas direcciones hacia todos los que comparten ese viaje espiritual y no permite fijar demasiado el afecto en una persona única.

Me parecen buenas explicaciones, desde mi condición de sabueso que escruta y merodea doy otra complementaria. Creo que los peregrinos están simplemente a otra cosa, están a un viaje interior y además un viaje hacia abajo y hacia dentro. Quien hace el Camino vive una regresión al origen de sí mismo y combina esa empatía con los demás peregrinos con una vivencia de una gran soledad interior, una soledad valiosísima, además que se resiste a ser compartida. El peregrino no puede salir de sí y comunicar lo que le está naciendo dentro.

El peregrino está solo

Por eso mismo, aunque se organicen grupos espontáneos que se forman y se deshacen cada día, aunque el viaje se organice entre grupos de amigos o por parejas..., el Camino se hace solo. Cada peregrino anda en solitario su propio Camino interior. En el Camino, aunque existe la solidaridad más que nunca, siempre se está solo. Como suele ocurrir en la vida, sólo que aquí es una soledad valiosa y humanizadora, no un yermo estéril.

Cada fuente es una bendición que aguarda latiendo al que camina

El sueño, la cara terrible

Me cuenta también que ha soñado cosas terribles. No la pesadilla, que es cuando uno se despierta, sino sueños malos que la han hecho sufrir. No le pregunto qué cosas, son sus sueños. Le ha preguntado a otras personas y también les ha ocurrido lo mismo.

El Camino es una experiencia tan profunda que perturba los temibles reptiles que transportamos ocultos en el fondo de esa sima interior. Pone en danza todo nuestro yo. Peregrinar es hacer una progresiva y dulce crisis atrapados en el Juego de la Oca, como una Alicia en el País de las Maravillas.

Perdidos en un hueco del Camino

Hablamos de todo un poco, compartimos el gusto por Gianna Nannini y por Bob Dylan, *Blonde on blonde* nada menos, y de repente nos damos cuenta de que algo falla, nos hemos extraviado en ninguna parte. No es que hayamos perdido el Camino, estamos en él pero de repente el mapa que ella lleva no se corresponde con los lugares que atravesamos, falta un lugar. Nos paramos desconcertados, desandamos lo andado, le preguntamos a dos peregrinas que nos cruzamos, seguimos sin entender lo que nos está pasando; volvemos a caminar hacia adelante y nos aferramos a la carretera general que en un tramo corre pegada al Camino. Al fin aparece el fotógrafo en el coche, nos pregunta qué nos ha pasado, dónde hemos estado, queremos explicárselo pero no nos entendemos. Nos sentimos atrapados dentro de un absurdo, fuera del espacio y del tiempo.

Aún hoy al escribir estas notas no sé decir qué fue aquello. Quizá un pequeño castigo a Anna, y a mí con ella, por revelar secretos. Caímos en un agujero del Camino en Castromaior.

Unos operarios, pagados por la Xunta, están limpiando la ruta de maleza.

Jóvenes peregrinos portugueses

La atracción de la fotografía. El fotógrafo desenmascarado

La pareja que pedalea unida

Unos jóvenes portugueses en bicicleta, son de Sintra y uno de ellos lleva en la bici la bandera monárquica. La idea de hacer el Camino nació en el joven de la bandera que tiene una abuela de O Ferrol. En su casa están suscritos a El País y hace cinco años vio en un suplemento semanal un reportaje fotográfico sobre el Camino de Santiago. Tan cierto es que trae en la mochila aquella vieja revista doblada, la saca; el fotógrafo tiene la boca abierta, él es el autor de aquel reportaje fotográfico. Enseña las páginas con las fotos, aquella semilla que se quedó en su retina y fue creciendo en forma de sueño del Camino.

El fotógrafo está sorprendido y finalmente se presenta, él es el autor de aquel reportaje. El hombre invisible, el que siempre está oculto detrás de la cámara, se hace visible. El joven está contentísimo y pide a los compañeros que les hagan una foto juntos. Posan los dos riendo, el joven ciclista levantando la revista de las fotos como un trofeo. Un Camino circular de una foto a otra foto a través de los años.

Sospecho que el fotógrafo ha encontrado una razón que justifica y da sentido a su trabajo durante años.

El Camino es, ciertamente, lugar de encuentros; los más inesperados.

Más adelante las dos jóvenes inglesas que hemos visto en Portomarín están paradas arreglando un pinchazo.

Cita en el tiempo, la vieja foto y la nueva

La reconstrucción como amenaza

Llegamos a Vilar de Donas, gozo y decepción. La aldea es pequeña y tranquila, la iglesia del Salvador, de las más hermosas de la ruta, parece ignorada o abandonada. Su puerta de madera y hierro sorprendente y cerrada. Preguntamos a un vecino por la llave, la tiene el cura y sólo abre para la misa. El cura y el Ayuntamiento parecen estar reñidos y eso lo paga quien quiera ver la iglesia. Sólo podemos atisbar su interior, a través de una grieta en la puerta entrevemos sus famosas pinturas murales y sus laudas y sepulcros con figuras de Caballeros de Santiago que eran enterrados aquí.

La puerta cerrada de Vilar de Donas, tras ella el descanso de los Caballeros de Santiago

Un panel anuncia la próxima restauración, el cartel está roto y viejo. Sin embargo es cierto que algo se puso en marcha y luego se detuvo, en el atrio se apilan unas baldosas de piedra que parecen de terrazo vulgar y da miedo pensar que vayan a ser colocadas en este atrio que hoy es de tierra e hierba. Parece que la restauración prevista y momentáneamente detenida no va a tener nada de sinceridad arquitectónica. Unos huecos en las lajas del suelo en un costado de la iglesia hacen suponer que allí se van a colocar pilares para una cubierta lateral donde hace siglos estuvo la original. Si llevan adelante lo que nos parece, será la mayor barbaridad que hayamos visto en todo el Camino. En ese caso sería mejor dejar la cosa como estuvo tanto tiempo, hay buenas intenciones que pueden ser más destructivas que la desidia y el abandono.

Pinchazos, averías

La multitud

Nos marchamos preocupados por el futuro de la iglesia de Vilar de Donas y llegamos a Palas de Rei, que es la capital de un Ayuntamiento que tiene veinte iglesias románicas; sin embargo lo más bonito que conserva la villa es su nombre. El gobierno municipal está volcado en la atención al Camino y a los peregrinos, y se nota. En el centro de la villa en el borde de la carretera nacional está el albergue, aunque es mediodía ya está lleno de gente, uno comiendo una lata de sardinas pinchándolas con un gran cuchillo, otra descansando las piernas sentada, otra escribiendo un diario (cosa bastante frecuente)... A pesar de que estamos en septiembre hay mucha gente todos los días, Palas es una referencia importante en el Camino histórico y su albergue es escogido por muchos peregrinos que dan vida a las tiendas y bares de los alrededores.

En el mes de julio y agosto además del albergue habilitaron un pabellón polideportivo que estaba lleno muchos días. Cuento los peregrinos inscritos el día 21 de julio: 476 personas que calculaban entrar en Santiago el día 25, día del Apóstol. Hay que pensar que otros han dormido por su cuenta sin inscribirse. La encargada del albergue cuenta que en el año 93 aquello fue tremendo, cerraban el albergue a las

Los pies doloridos: hablan, se quejan, gimen.

once de la noche y los peregrinos saltaban por las ventanas para ir a los bares hasta la madrugada. El Año Santo, el Xacobeo del 99, no se sabe lo que puede ser eso. Puede haber saqueos.

Un peregrino que acaba de llegar saca de un ancho bolsillo de su pantalón de campaña su credencial para que se la selle la encargada. Nos han dicho que es holandés, sin embargo es inglés. Se guarda la credencial y bebe de una bota de vino que trae. Invita.

La encargada tiene una carta remitida desde Zaragoza para un peregrino que ya ha pasado, está en el próximo albergue de Ribadiso, nos la entrega para que se la llevemos.

Los pies rotos

Volvemos a leer un anuncio de masajes en el tablón de anuncios entre mensajes de peregrinos que pasaron para otros que vienen detrás. No estaría mal averiguar algo de lo que sabe ese masajista de esta tribu de los pies rotos.

El masajista es un hombre joven que ya tiene una vida anterior a cuestas, se sintió atascado y tuvo su punto de inflexión y cambio precisamente haciendo el Camino. Lo ha andado dos veces y ahora trabaja para él; no hay duda de que lo hace porque es rentable, Palas es el lugar mejor situado para su trabajo, la gente llega muy cansada, pero no lo haría si no estuviese dentro del Camino, si no fuese de la hermandad de la flecha amarilla. El masajista que es canario y se ha venido a vivir aquí es un ejemplo de algo que ya hemos visto, el Camino se retroalimenta, los propios peregrinos acaban sirviéndolo de un modo u otro.

Nos cuenta que las lesiones más comunes son tendinitis, cansancio muscular, contracturas... Cuando ve que las rodillas están tocadas los manda al ambulatorio y les indica que deben coger un autobús de vuelta a casa. En estos casos se echan un pulso la preocupación ante esas lesiones de los médicos, que prescriben antiinflamatorios, frío local y, sobre todo, descanso, con el ansia de los peregrinos que no suelen hacer caso y descansar más de un día. Pero la gente no quiere abandonarlo, ni siquiera los que tienen las rodillas destrozadas, menos aún cuando Compostela está a dos días.

Los caminantes más rotos llegan en verano, que es cuando se pierde más el sentido del peregrinar y viajan grupos numerosos. En los grupos numerosos nadie va a su propio ritmo. El masajista no duda en recomendar viajar solo o bien acompañado de otra persona.

Salimos de Palas de Rei y aún leemos en una puerta un cartel gastado de "Festival Rock do Camiño", hay para todos.

Antes de llegar a Leboreiro aparecen ostensiblemente los cultivos de eucaliptus que han invadido todo el norte y el occidente de Galicia. El Camino aquí es en un tramo una vieja vía romana y luego medieval. Cerca de la pequeña y antigua iglesia parroquial, en la fachada de un antiguo hospital de peregrinos, un letrero en hierro, "Ruta xubilea". Tendrá sus veintialgo años, cuando aún no había una denominación de marca, a caballo entre la ruta espiritual y cultural y la vía de peregrinación tutelada por la Iglesia de Roma. Salimos por un puente pequeño y muy hermoso.

Las ofensas

En el Ayuntamiento de Melide en medio del Camino han construido un polígono industrial, de modo que aquí los peregrinos deben atravesar por las traseras y las fachadas de naves industriales. Sin comentarios. Quizá lo peor sea que a un lado han levantado una especie de menhir con una placa de bronce a mayor gloria de sí mismos una orden fantasma, los llamados Caballeros y Damas del Camino de

Lo andado, lo que falta andar; al final, Galicia

Santiago. En la placa figuran el "Consejo de la Orden" y las "damas y caballeros", en cabeza está el alcalde de la localidad y numerosos cargos públicos del partido actualmente gobernante en Galicia. Una caricatura esperpéntica de lo que fueron las órdenes de caballerías y el interés por el Camino.

Junto a ese fatuo monumento está otro más pequeño a Miguel Ángel Blanco Garrido, el concejal del PP del pueblo de Ermua asesinado por ETA que conmovió al País Vasco y a España entera. Detrás crece uno de los arbolitos que han plantado a la orilla de este tramo y en su tronco la gente al pasar ató bolsas de plástico de colores, cuerdas, papeles... en memoria del joven. Nuevos mitos, nuevos ritos. Sin embargo, vista la mezquindad contigua, uno no puede dejar de pensar también en lo que habrá de explotación política de los buenos sentimientos de las personas.

Sobre una piedra y bajo unos árboles un montón de papeles de propaganda de un hospedaje en Santiago que anuncia su cercanía a la catedral y su almacenaje de bicicletas gratis. Al entrar en el puente de Furelos, puente bien bonito, leo dentro de una flecha amarilla: "Ánimo. Km. 52,3".

El descanso de dos checos

'Pulpo á feira'

A la entrada de Melide, una villa verdaderamente interesante y plenamente jacobea, unos peregrinos están sentados en una terraza de mesas de plástico amarillas. Nosotros, que reconocemos mejor los signos del país, nos paramos por indicación de nuestro estómago al llamado de una caldera de cobre donde se cuece el pulpo. A la derecha está Santa María con unas estupendas pinturas murales, pero ahora está cerrada, así que cruzamos la carretera al bajo del edificio, un modesto templo profano, donde ofrecen pulpo y carne con patatas. Es de estilo gallego moderno, o sea ladrillo al aire o cemento, los asientos y las mesas son bancos de madera como los de los puestos al aire libre.

Encargamos unas raciones y le preguntamos al camarero, un hombre no muy guapo con risa algo canalla, si los peregrinos comen pulpo y nos contesta que desde las doce y media llevan despachando pulpo a los peregrinos. Repaso el comedor y sólo veo a una pareja de coloridos ciclistas entre el paisanaje. ¿Y traen dinero para pagar? Se ríe, "aquí como todos, desde las minas de Kentucky al sol de California".

Mientras comemos el pulpo y el pan y bebemos vino tinto, el camarero deambula de mesa en mesa cantando con voz de cuervo como un *crooner* bronco. Ahora hace gestos

Reconversión, el antiguo hospital pasa al museo

El pulpo a la orilla del Camino, a Melide ya llega el mar

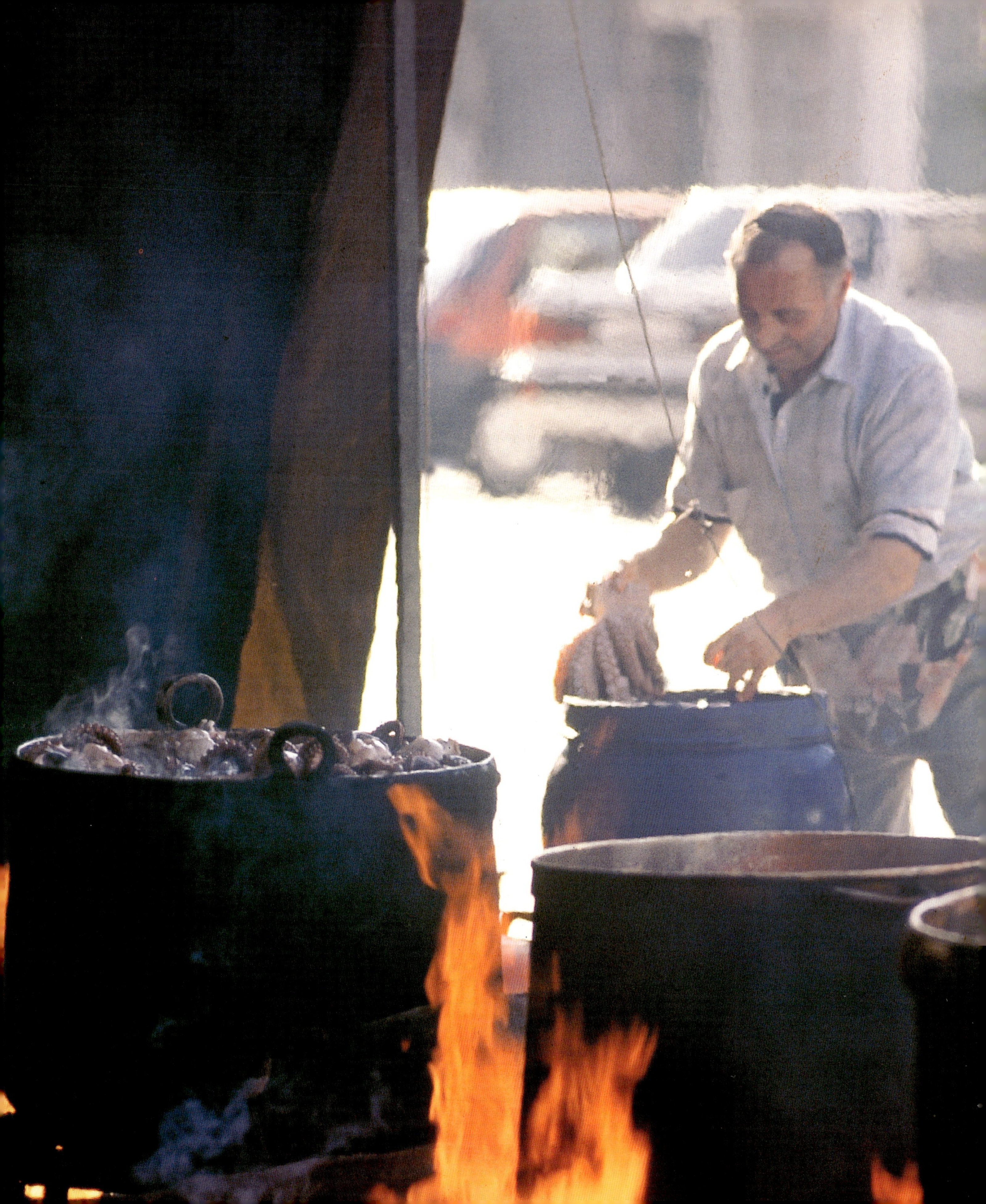

obscenos riendo delante de una mesa con varios hombres y mujeres. Este es un restaurante con atracciones. El alma dionisíaca de mi tierra. Un paisano mayor en la mesa de enfrente come el pulpo acompañándolo con una Fanta, le habrá quitado el vino el médico.

Al pagar vemos que tienen a disposición del peregrino un cuño, nos cuñamos las libretas con el emblema de la pulpería.

En el centro de la villa está el edificio que fue hospital de peregrinos, su iglesia es hoy parroquial. La encontramos adornada para la fiesta de San Pedro con una gran guirnalda de alambre y bombillas de colores que representa la tiara de San Pedro. Muy cerca un bajo en rehabilitación donde anuncian la próxima apertura del museo etnográfico Terra de Melide.

Saliendo entre altos eucaliptus y algún bonito paso de piedras, *pasales*, sobre el río, encontramos a una expedición de *boy scouts*, muchachos y muchachas de entre doce y catorce años al cuidado de algunos adultos. Son italianos, de Verona nuevamente. Unos colombianos que estudian en Barcelona han hecho un alto para llamar desde una cabina en esta pequeña aldea. Las nacionalidades se encuentran a lo largo de todo el Camino.

En Ribadiso, peregrinos italianos, pescadora y ciclistas fatigados

¿Decepción justificada?

Llegamos a Ribadiso, uno de los mejores y mejor rehabilitados albergues y en uno de los lugares más agradables, al lado de un río muy apto para refrescarse. Atravesamos un puente donde una mujer mayor sostiene una caña de pescar fuera de temporada y cree ver truchas donde hay piedras. La mujer conversa con una joven peregrina en el lenguaje internacional de los gestos, palabras sueltas y buenas intenciones que da lugar a confusiones, como que esta joven crea que habla con una lugareña común cuando en realidad la señora aparenta algún tipo de extravío.

Un peregrino sentado en el borde de hierba con los pies en el agua del río está en algún lugar dentro de sí, quizá no aquí, quizá no ahora.

Dentro, unos jóvenes vascos están decepcionados por la actitud de la persona encargada, están acostumbrados al trato desinteresado de los hospitaleros fuera de Galicia. Se quejan de que quisieran descansar sobre las camas de los dormitorios para poder seguir luego hasta otro albergue, la persona encargada les dice que si no se

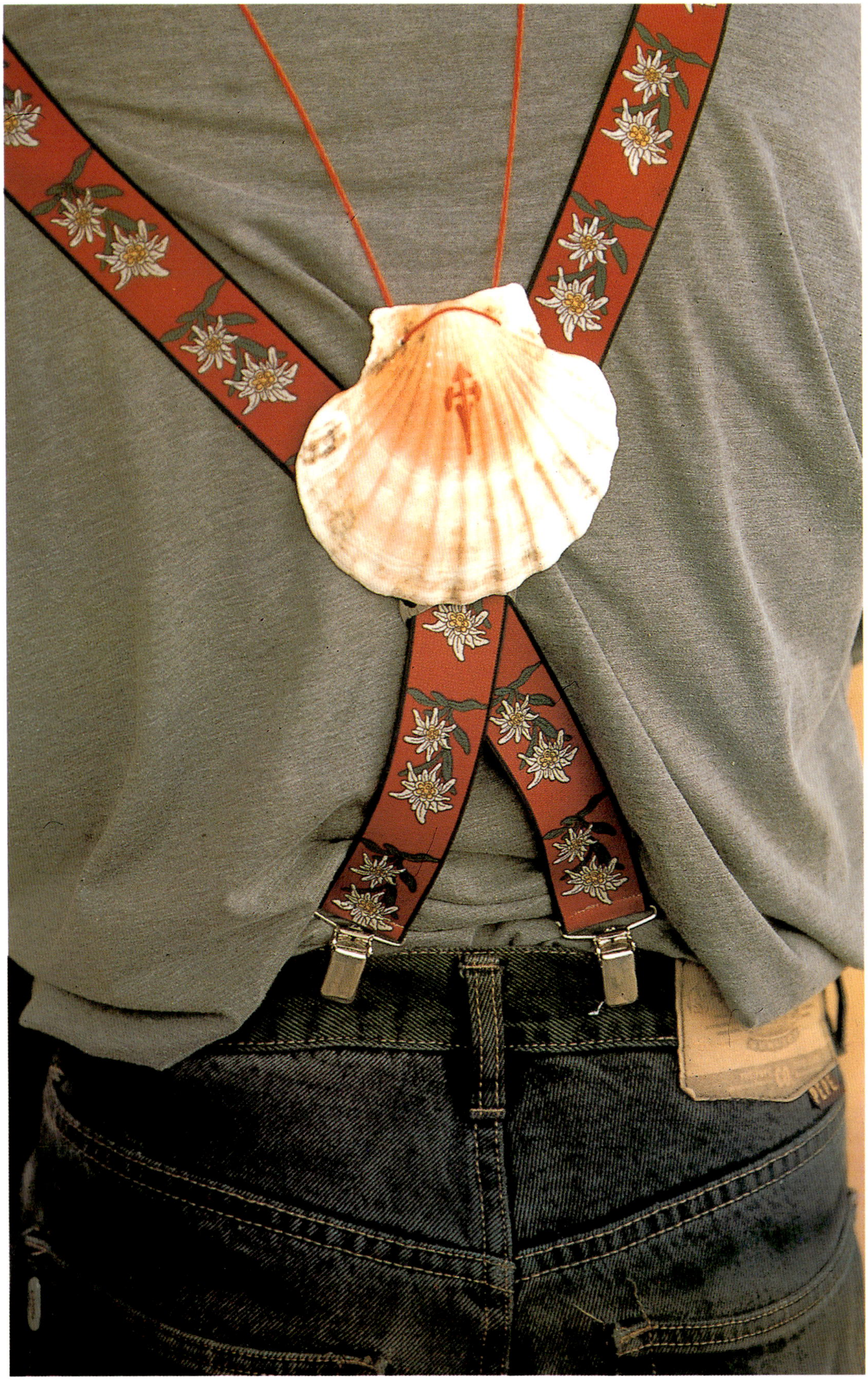

anotan a dormir en éste no les abre porque luego tiene que volver a recoger todo para los que vengan a dormir. Uno entiende el choque de estos jóvenes que han tratado antes con hospitaleros voluntarios con la cultura más funcionarial de estas personas que actúan como las encargadas y empleadas que son. Sin embargo tampoco deja de ver la razón que tiene la encargada; al fin y al cabo, lo que les arguye es cierto y hoy es un día soleado, hay sombras y la hierba está blanda y amable. Además, el albergue como todos en Galicia es gratuito.

Por otro lado hay el factor de embrutecimiento que ha sido el Xacobeo, que fue cuando se abrieron estos albergues y cuando aprendieron su trabajo estas personas. Los jóvenes se quejan de que en la cocina, inmaculada, no hay cacharros, la respuesta es que se inauguró con todo tipo de platos y cacerolas y se lo llevaron todo.

Sale la llamada de un teléfono móvil desde la mochila de una bicicleta arrimada a un muro, nadie se acerca.

En el tablón hay propaganda de cafeterías de la cercana villa de Arzúa y una gran foto de una joven desaparecida el 25 de junio en un pueblo castellano.

Dos jóvenes ciclistas con maillots y aditamentos de colores chillones descansan estirados en la hierba, comentan entre ellos las dificultades técnicas de la jornada, las cuestas, los repechos, el firme, las velocidades que han hecho... En su conversación no salen los lugares que han atravesado. Me reafirma en que la bicicleta no permite vivir adecuadamente el Camino. Eso sí, es mucho más rápida; más rápido aún es el automóvil.

En Arzúa los bares anuncian sus menús con la figura del Pelegrín. A la salida de la villa, una gran piedra y placa de bronce a un cura que murió allí peregrinando. En una vereda, unos hombres con material y un coche entregados por la Consellería de Turismo de la Xunta cortan las hierbas y zarzas que quieren arañar al peregrino.

En un prado al lado del Camino, sin casas cerca, una *roulotte*, mesas y sillas de plástico donde dos muchachas despachan bebidas al peregrino sediento. Es frecuente esta modestísima industria que nace silvestre como las setas.

Vísperas

Flores edelweis y conchas peregrinas, las búsquedas de la pureza de siempre y los *blue jeans* de hoy

Junto al cierre de una finca una cruz hecha con hierros soldados conmemora algo, una memoria particular que no podemos conocer; seguramente alguien vendrá

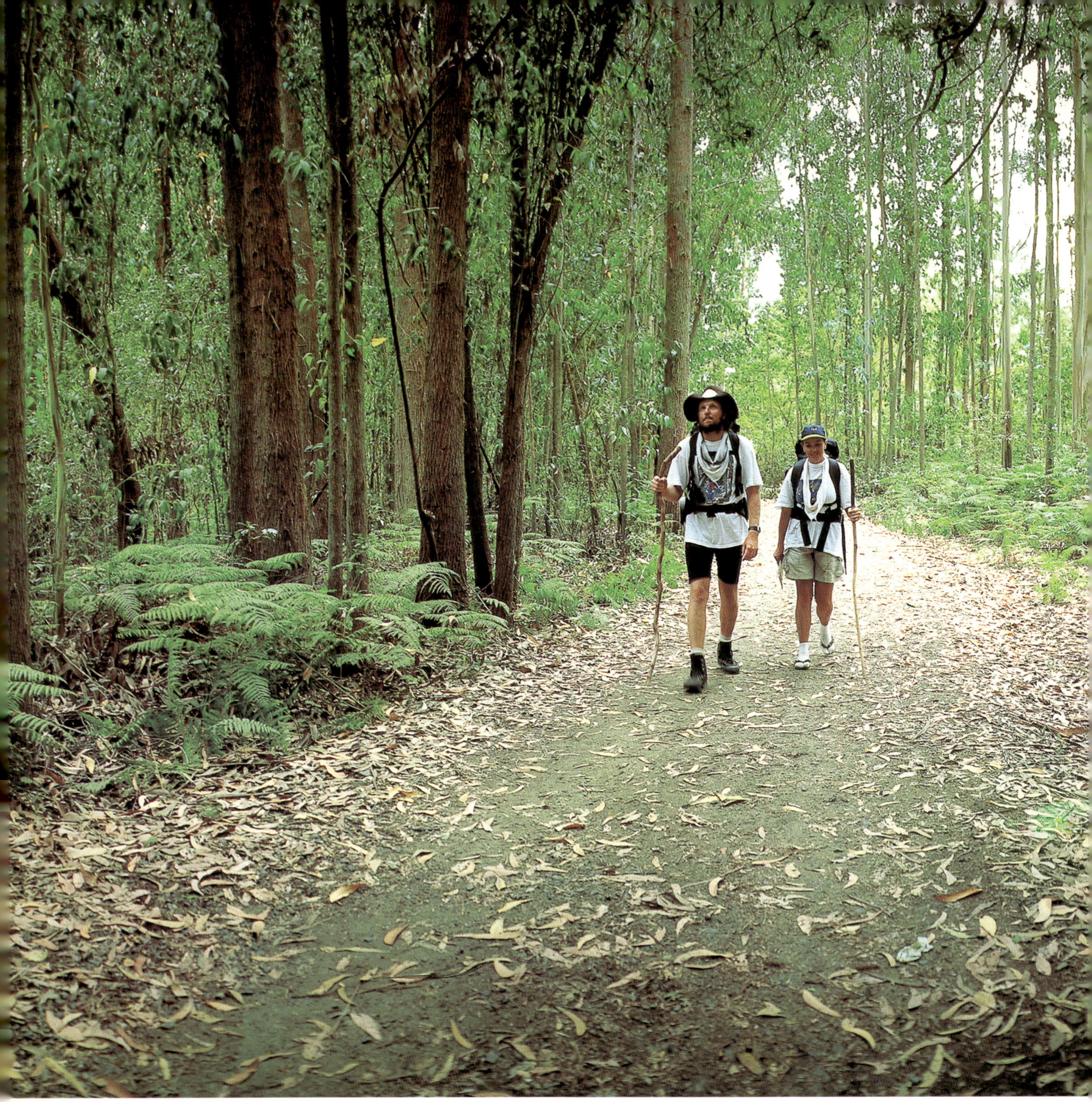

El eucaliptal, bosque
extraño, en silencio.
Tierras de Arzúa

alguna vez a traer flores a estos hierros en memoria de una persona que ha muerto aquí. Detrás del cierre un cabrón grande y con chiva estupenda nos observa con esa mirada inquietante. Un azor da vueltas en el cielo. Lo santo y lo demoníaco parecen convivir muy cerca en el Camino.

Nos estamos acercando a Santiago y han desaparecido las flechas amarillas, paradójicamente es cuando más fácil es perderse. Compostela está ahí delante, no se ve, se le sabe bajo esta misma luz del atardecer; el peregrino siente físicamente su presencia que lo atrae, por eso en la última etapa los peregrinos corren más, hasta hacerse daño. Es hora de buscar hospedaje.

Mañana los peregrinos saldrán más temprano que nunca, a las cuatro, a las cinco de la mañana, para entrar en Compostela a tiempo de estar a la misa de doce, la misa del Peregrino. Hoy están nerviosos y hablan poco; dan vueltas callados alrededor de los refugios de Arzúa, Santa Irene, de Arca, están pensando en mañana.

La piedad agropecuaria

Entrada extraña

El Camino entra en tierras de Santiago de un modo muy contradictorio: lo buscado es inminente y la presencia intuida ilumina cegadoramente estos últimos kilómetros, sin embargo el recorrido, aunque tiene algunos tramos hermosos, es una travesía por los

El bosque vertical e irreal, por tierras de Arca. Ahí cerca, Compostela

En el albergue del Monte do Gozo, subidos a un banco: la catedral

En el albergue, los pies descansan, leyendo algo sobre la ciudad para preparar la entrada mañana por la mañana

lugares más brutales, más sin aura y más característicos de la contemporaneidad. Primero se cruza un nudo de tráfico y una autovía en el borde mismo del aeropuerto de Lavacolla, más adelante están las instalaciones de TVE en Galicia y TVG, y un cámping-whiskería. El día es nublado y la mañana es fresca y buena para caminar. Ha reaparecido fugazmente la flecha amarilla, seguimos por una pista bordeada por chalets que adornan sus rejas con la vieira. Dos perros miran pasar en silencio a los peregrinos.

Monte de la decepción

Nos acercamos al monte do Gozo y nos recibe una señalización triunfalista y enorme, adecuada para los coches en una autopista pero obscena para la humildad del peregrino. Coexisten las flechas amarillas pintadas con los ostentosos paneles. Caminamos por un *rueiro* de casas y llegamos adonde estuvo siempre la antigua capilla de San Marcos, una capillita emblemática desde donde los peregrinos divisaban las torres de la catedral. Hoy la capilla está anulada por un cercano adefesio gigantesco que conmemora la visita del papa Juan Pablo II, que concentró allí a muchísimos jóvenes de toda Europa en el año 93. De todos modos ya no se puede ver la ciudad

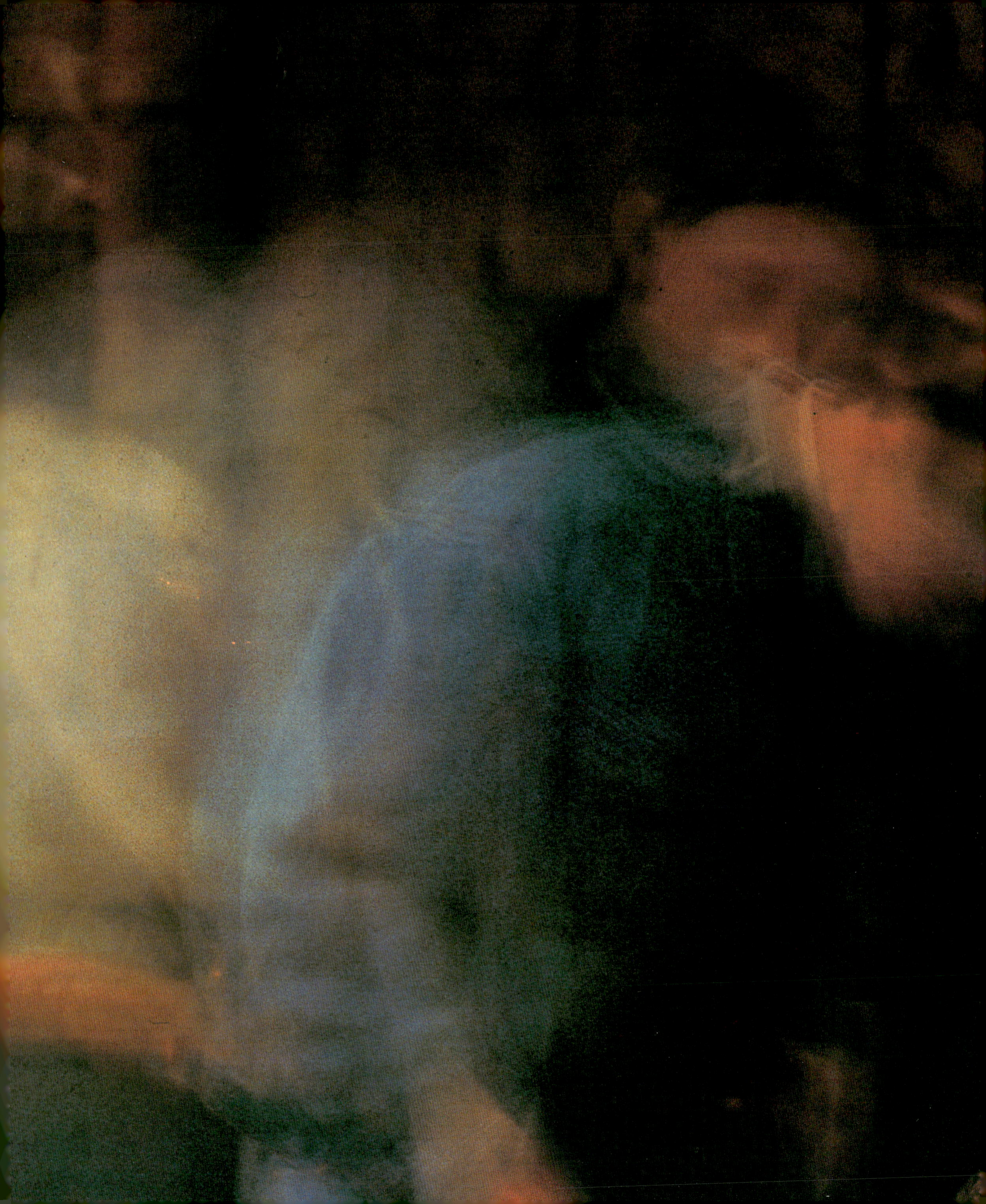

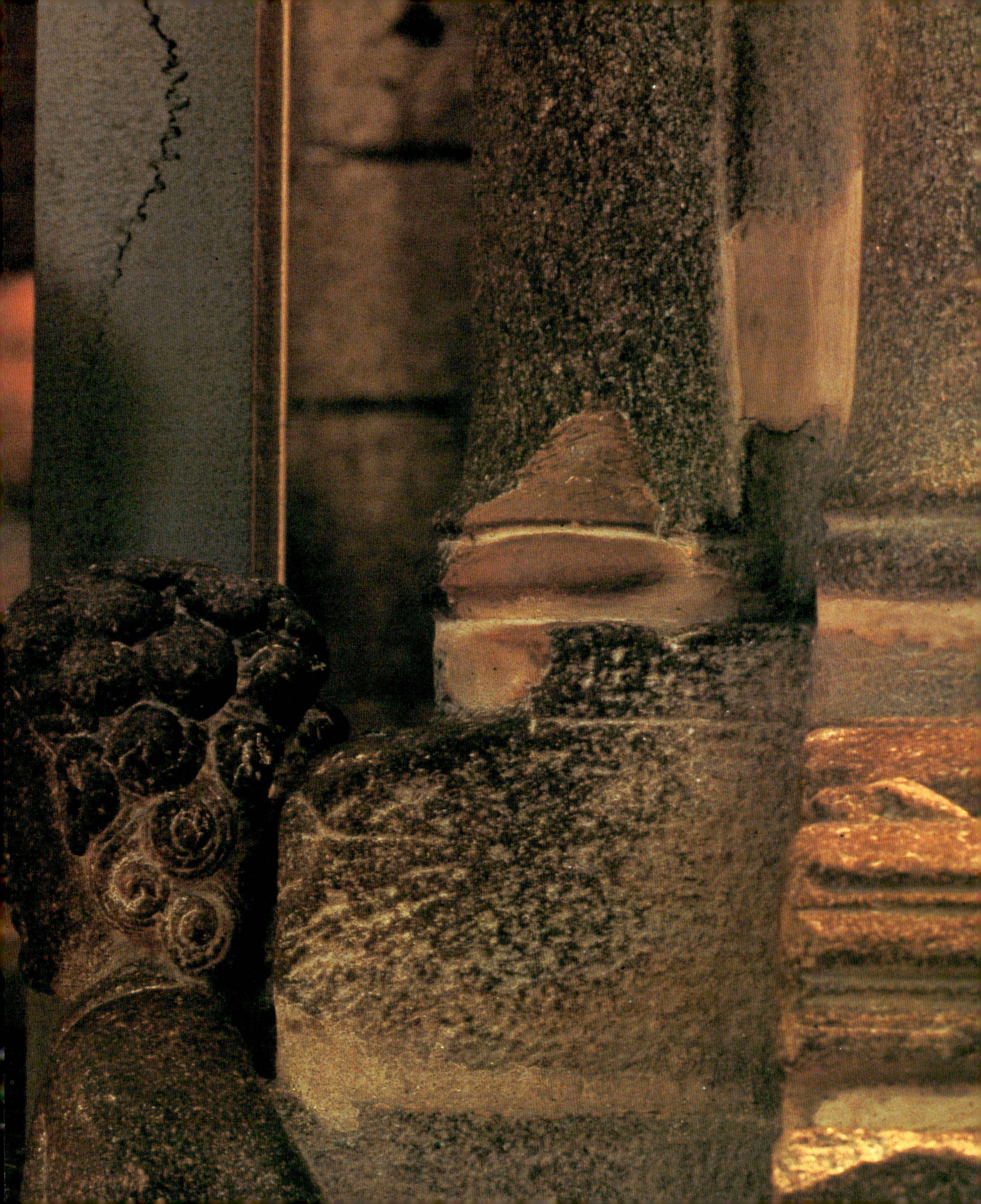

Páginas anteriores, O Santo dos Croques (el santo de los coscorrones), imagen del maestro Mateo a quien la creencia popular atribuyó el poder de dar inteligencia y memoria a través de unos golpecitos

porque en la finca justo detrás de la capilla se levantan unos altos eucaliptus y detrás de ellos un chalet.

Seguimos ahondando en la decepción, más adelante está el inmenso complejo hostelero construido en este monte que fue tan significativo, una parte de él está destinado a albergue de peregrinos durante los tres meses de verano. Bajamos una cuesta empinada paralela al albergue, tras setos y alambre, al fondo de la cuesta está la puerta, una gran explanada de asfalto, no vemos adónde dirigirnos. Un letrero en medio de la explanada nos indica que debemos subir por unas escaleras toda la cuesta que acabamos de bajar, el peregrino debe subir ahora con la mochila hasta lo alto, donde está la recepción del albergue. No cabe duda de lo que piensan de los peregrinos la gente que lleva este albergue. No cabe duda de que los peregrinos no son rentables, estorban.

No hay nadie en la oficina; sobre la mesa el sello del albergue. En el tablón nuevos recados de unos peregrinos a otros, un recorte de un hombre que dice ser un judío superviviente de Auschwitz que ha caminado 600.000 kilómetros.

Llegan tres chicas de León a sellar, una se queja de alguien que ya no es un crío y que siempre se está quejando. El joven aludido está sentado en un banco allá abajo en el comienzo de la cuesta. La superioridad de las mujeres es tan rotunda que puede resultarnos humillante.

La nueva peregrinación a caballo; los establos del albergue

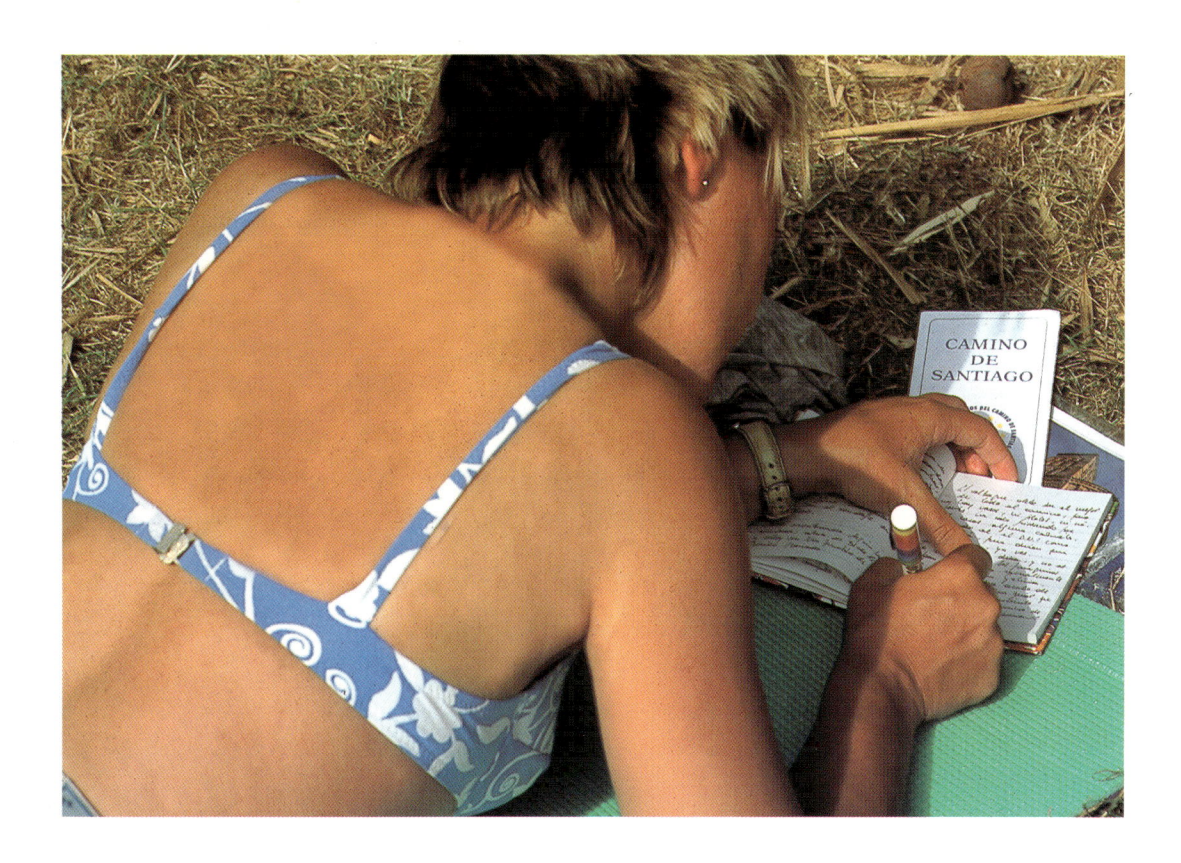

Querido diario: estoy en Ribadiso, cerca de Arzúa; pasado mañana llegaré a Santiago

Dejo el complejo ofendido por el desprecio hacia los peregrinos, me siento algo compensado por la gente que atiende allí la oficina de una asociación de productores de miel gallega, que me obsequia un tarro. Nada como la miel, destilado de poder que circula por las arterias y llega a los músculos de las piernas. El pobre joven incapaz de subir la cuesta sólo precisaba miel.

Entrada descorazonadora

En adelante es una dura prueba más a la que se sobrepone la ilusión del peregrino, caminar a través del estruendo de la bestia, el tráfico intenso y hostil. Pasamos delante del Palacio de Exposiciones y Congresos, de un hotel nuevo, muestras del nuevo Santiago en que se ha transformado la ciudad antigua repentinamente en los últimos años. Pero ya no hay flechas amarillas ni tampoco algún tipo de señalización institucional, el peregrino está descorazonado y simplemente le queda seguir como un carnero obstinado hacia delante.

Llegamos al cruce del antiguo barrio de Concheiros, donde les vendían conchas a los peregrinos, que hoy es un río de coches que no se sabe bien por dónde vadear. Al final cruzamos y sigue sin haber ninguna indicación del Camino, tenemos que apelar a una guía, a preguntar a un vecino, en mi caso yo soy el vecino y me digo que el Camino sigue por la rúa de San Pedro.

Acogida de la ciudad

Este tramo que hemos pasado era la última prueba, en adelante bajando por la rúa de San Pedro la vieja ciudad nos va acogiendo dentro, y empezamos a experimentar una consolación y una gran melancolía. Estamos en la antigua ciudad, un dibujo laberíntico de piedra que protege un secreto. La ciudad que nació por designio de una estrella.

Una joven de frente con una camiseta que anuncia la Expo 98 y camina con orejeras de walkman encarna lo contrario de lo que es peregrinar: ella representa en estos momentos una zombi que gusta de errar por espacios inexistentes. Llegamos al cruce de la Porta do Camiño y accedemos a lo que era la ciudad antigua tras los muros.

Ascendemos por Casas Reais, a nuestra derecha está la iglesia de las Ánimas, una devoción muy extendida en el país. La iglesia está cerrada, en la fachada las imágenes de gente en llamas con mirada eternamente suplicante al cielo. La plaza de Cervantes, donde estuvo el antiguo barrio judío, y bajamos por la cuesta de la Acibechería, donde trabajaba el gremio de *acibecheiros*, orfebres que trabajaban el azabache, carbón durísimo al que se atribuían poderes benéficos, en que tallaban pequeñas imágenes jacobeas. El peregrino entra a la catedral no por la entrada triunfante e impresionante de la plaza del Obradoiro, ni siquiera por la hermosa de las Platerías, el otro gremio tradicional de orfebres, sino por la de San Martín Pinario, que comparada a las otras parece casi una sombría puerta trasera.

Morir y renacer

Por ese lado, buscando bien un ángulo, aún podemos ver sobre los tejados del templo la Cruz dos Farrapos, una cruz germana de hierro donde se colgaban los viejos harapos de los peregrinos y se quemaban, un rito de ese final de Camino iniciático: se extinguía la vieja vida y se renacía a una nueva con ropas nuevas. Cuando es Año Santo en cambio se entra por la Quintana, la plaza tiene dos partes, de vivos y de muertos, ya que una parte fue cementerio. En un lado de la catedral en esta plaza está la Puerta Santa clausurada con un muro de ladrillos que es abierto a golpes de pico y martillo simbólico y duro al comienzo de cada Año Santo, cuando el 25 de julio cae en domingo.

Traspasar el umbral de esta puerta es parte del ritual de absolución de los pecados por la Indulgencia Plenaria. Pero sobre todo es el mejor símbolo de morir a una vida y renacer a otra nueva. Los peregrinos, como Lázaro, son renacidos.

El poder de la muerte

No es coincidencia que en el final de este Camino iniciático, de muerte y resurrección, esté el sepulcro de un santo muy taumatúrgico. Un santo que a veces mata y a veces da vida. Son frecuentes los milagros atribuidos tanto de resurrecciones como de muertes. Es un santo fuerte y terrible el de este sepulcro.

El poder de un sepulcro, la llamada de la ceniza. Peregrinar para llegar al final, la tumba, la ceniza. Y ese final es el que permite renacer a una vida nueva. La esperanza puesta en el polvo de los muertos. De eso trata el argumento de la peregrinación a Santiago. De que hay muerte y de que hay esperanza.

Por eso el Camino de Santiago es una propuesta al nihilismo de nuestro tiempo que nos dice que esto es lo que hay, y consume y calla, que no hay sentido ni trascendencia. Que nos dice que sólo hay presente, un presente agotador, que no hay ayer ni hay mañana, que no hay futuro.

El Camino es un viaje de vuelta al origen, y en el origen están los muertos que han vivido antes; está la muerte fecundadora de la vida. El Camino es para los cristianos una nueva oportunidad y también una prueba en vida de que existe la vida eterna. Y el Camino es para todo el que lo haga una dura vía de religación con el mundo, con la vida, y la comprensión de que somos parte del mundo. El aceptamiento de la vida plena, terrible y maravillosa; y de la muerte como parte de la vida.

El peregrino se presenta

La cuesta de Acibechería conduce hacia abajo a la plaza del Obradoiro por el gran arco del palacio de Gelmírez; bajo el arco toca un gaiteiro que se acoge a su resonancia, toca impetuoso y elegante. El gaiteiro resultó ser gaiteira, una feminización gozosa la de esta figura que encarnó la virilidad del gallo; hoy el gallo del corral es una gallina.

La plaza del Obradoiro nos hace naufragar, nadie como el peregrino sabe lo altas que son las torres de la catedral de Santiago. Nadie está tan a ras de suelo, en el centro de la plaza.

Nos acercamos al hostal de los Reyes Católicos, lo que fue albergue y hospital de peregrinos es hoy un hotel de lujo. Conserva el compromiso de dar desayuno, comida y cena a los diez primeros peregrinos que lleguen cada día si lo reclaman.

Santiago de los ejércitos

Damos la vuelta a la catedral, cerca de la entrada de Platerías, está la oficina del Peregrino, en el portal un impresionante montón de cayados que la mayoría dejan allí al llegar. Esos bordones, y los pies, han golpeado en la tierra mucho tiempo para despertarla y obtener de ella algo que faltaba al caminante; la tierra ya se lo habrá dado y ahora esos palos son mágicos y cargados de aura. ¿Adónde irán? Mejor que ardan en la noche de San Juan y se eleven en humo y se esparzan en ceniza.

En el primer piso sentados, o en pie agotados hacen fila para mostrar su credencial sellada a lo largo del Camino y obtener la Compostela, el documento que acredita haber hecho la peregrinación, entera o en parte. Un hombre y una mujer detrás de una mesa tienen tiempo aún de entregar algún plano de la ciudad, de dar indicaciones para alojamiento. De una habitación contigua sale el canónigo encargado de la peregrinación, va a oficiar la misa a las doce para los peregrinos. En ella nombrará el número de peregrinos que han llegado ayer y sus procedencias.

Los pasos del sonámbulo

Los peregrinos están ahora como sonámbulos y desorientados: han llegado. Y sin embargo, estando alegres están melancólicos. Están débiles, abandonados de deseos casi, esponjados por la debilidad del esfuerzo realizado, reducidos casi a espíritu, espíritus debilitados. Y están también tristes porque el Camino se ha acabado: han

Llevarse la imagen de la catedral

llegado. Hacia delante no hay más y tendrán que salir del Camino: han llegado. Y lamentan haber llegado, no quieren salir del Camino. Esa es la verdad, el peregrino no quiere abandonar el Camino, no quiere dejar de ser peregrino y volver a aquella vida que ha dejado.

Pero volverá, tocado, transformado de un modo que no sabrá trasladar a palabras. Cuando le pregunten qué tal le ha ido no sabrá explicarlo, dirá vaguedades que traducen algo extraño de fondo, nada concreto. Quizá repita, quizá vuelva al Camino. En cualquier caso ya estará siempre dentro, porque ha sido tragado por el Camino, el dragón de estómago vertiginoso que también nos ha tragado a los que queriendo mantenernos al margen, haciendo un trabajo y viajando en coche casi siempre hemos llegado aquí por el Camino. Nos ha atrapado, nos ha hecho suyos. Y sabemos que estamos dentro porque tampoco queremos salir, no queremos volver a ser nosotros, aquellos que fuimos.

Bendición

Bajo la hermosísima estatua del Rey David en Platerías un niño orina. Dentro del templo los peregrinos aguardan sentados a que comience la misa, es su misa. Tienen cara plácida y serena, sentados en silencio, países y razas diversas. Botas sucias, mochilas arrimadas a los bancos, a las columnas. En la misa unos

Santiago de los *souvernirs*

permanecerán sentados mientras otros se ponen de pie, otros estarán de pie mientras otros se arrodillan; son gentes casi todas de cultura cristiana aunque de diversas confesiones, muchos no practican ni conservan ya la fe de sus mayores. Pero están aquí en la misa que se han ganado y esperan recibir la bendición al final del Camino.

La misa avanza, el canónigo tiene que interrumpirla para llamar la atención a los turistas que arman barullo al fondo en el Pórtico de la Gloria haciendo cola para los ritos paganos turísticos. Allí en la penubra del Pórtico, la figura sedente de gran tamaño del Apóstol ocupa el lugar central, en Majestad, reservado tradicionalmente a Cristo o al Padre.

Los peregrinos rezan el padrenuestro al mismo tiempo pero en idiomas diversos. En un momento dado el cura llama a tres peregrinos a que ofrezcan su peregrinación en nombre de los demás, habla un alemán, una joven de Barcelona que hemos conocido en el Camino y un joven brasileño que nos cruzamos a la salida de Vilafranca del Bierzo. Nos había dicho que peregrinaba por razones culturales y espirituales, pero hoy aquí ha ofrecido su peregrinación a su hermano Daniel muerto un año antes. El peregrino suele traer equipaje oculto. Un peregrino se aleja cojeando con su muleta luego de recibir la comunión.

El Apóstol inspira la
creatividad del turista

"Chove en Santiago, meu doce amor" (F. G. Lorca)

El canónigo reclama la intermediación del Apóstol para derramar la bendición divina sobre "vuestra peregrinación, vuestras intenciones, vuestras oraciones, vuestras vidas, vuestras familias, vuestras ciudades", y desea finalmente un feliz retorno a casa.

Los peregrinos se buscan para abrazarse y despedirse. Ayer han llegado algunos que se han conocido en el Camino, mañana y pasado llegarán otros que se han rezagado, quizá vuelvan algunos de los de hoy hasta aquí para encontrarlos. Pero el Camino ha acabado y no se puede dejar de encarar que ahí fuera y delante espera la vida en el mundo.

El del sepulcro

Antes de salir de la catedral la mayor parte se mezclará entre los turistas para dar un abrazo a la figura del Apóstol y visitar la tumba bajo el altar mayor.

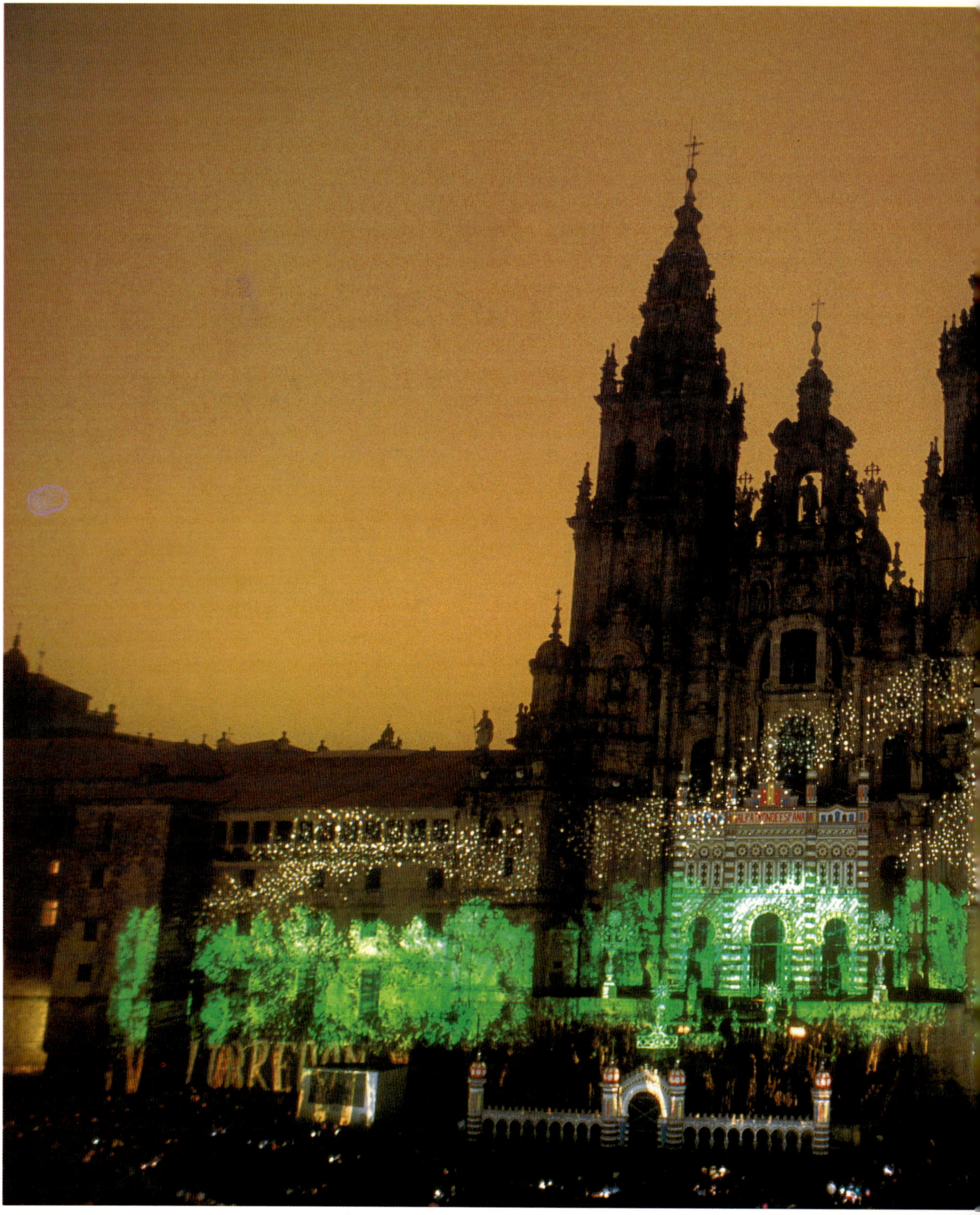

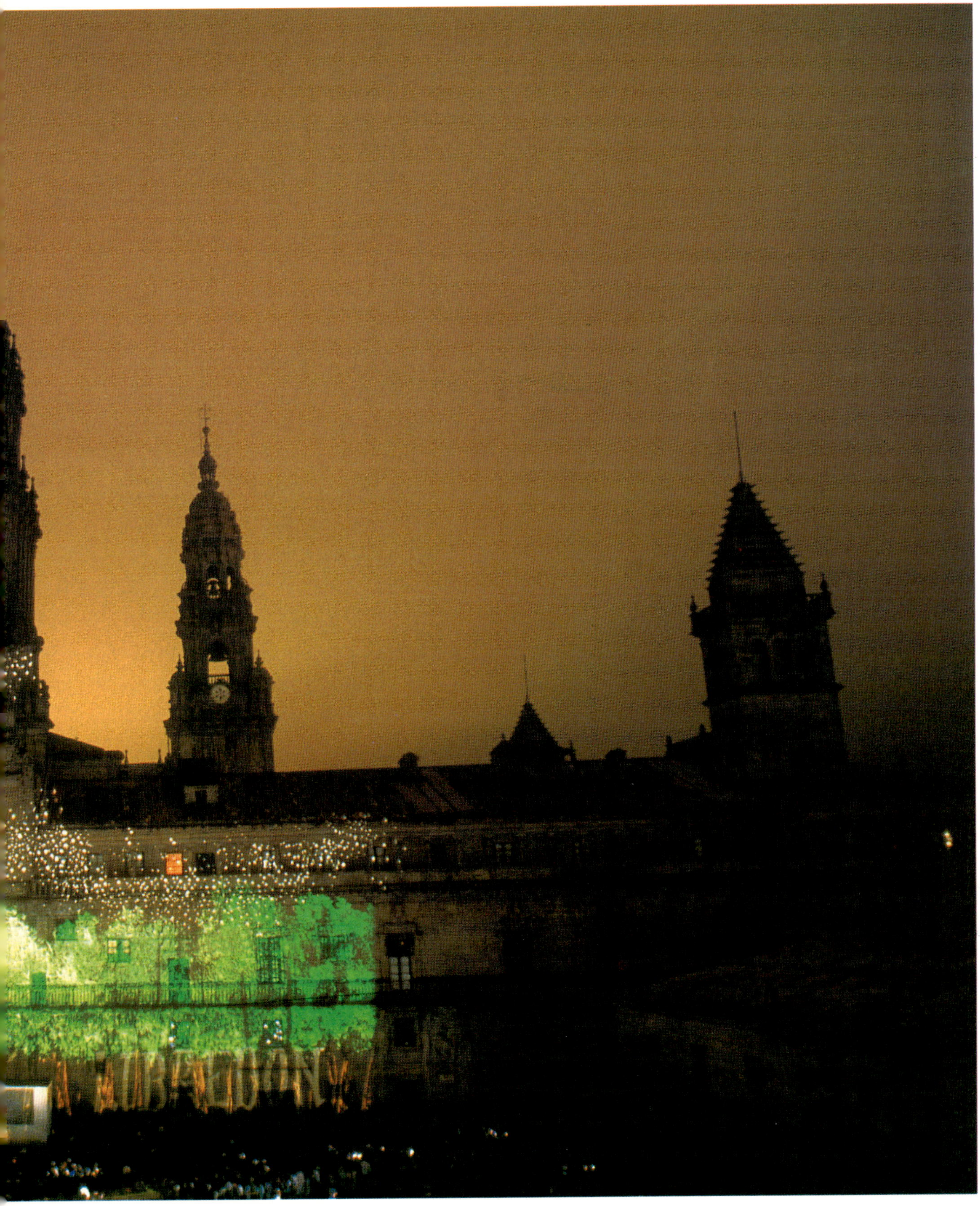

Páginas anteriores; fachada del Obradoiro iluminada. Noche grande de víspera del día del patrón. Luces y artificios, truenos y multitud

¿Que quién está enterrado ahí? Pues el Apóstol, claro. ¿Que quién es el Apóstol? Un decapitado, como Prisciliano, aquel cristiano condenado por hereje maniqueo por la propia iglesia romana y muy venerado en estas tierras; un decapitado, como el hijo del Zebedeo, hermano de Cristo, el Hijo del Trueno, muerto en Palestina. Traídos por sus discípulos ambos, según cuentan, uno desde Tréveris y otro desde Palestina. El Apóstol, el que sea, el que es, está ahí con su lección de esperanza para todos. Al final del Juego de la Oca. Para quien haya andado el Camino: para quien haya vivido en un sueño una vida entera y plena, vívida, en la frontera de la vida y de la muerte.

El Camino, la peregrina, el canónigo extendiendo la Compostela, que acredita la peregrinación

A un lado del paraíso
está el infierno

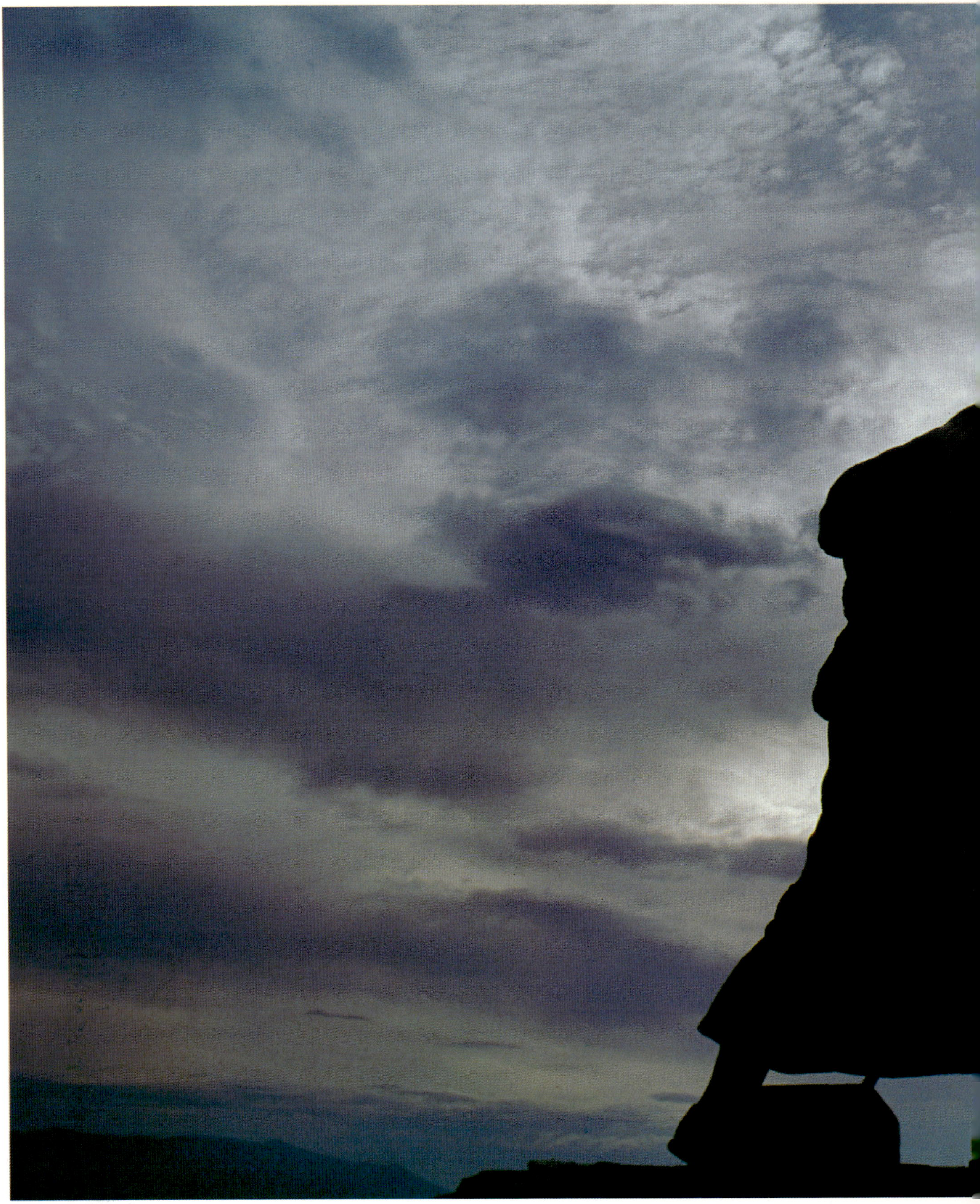

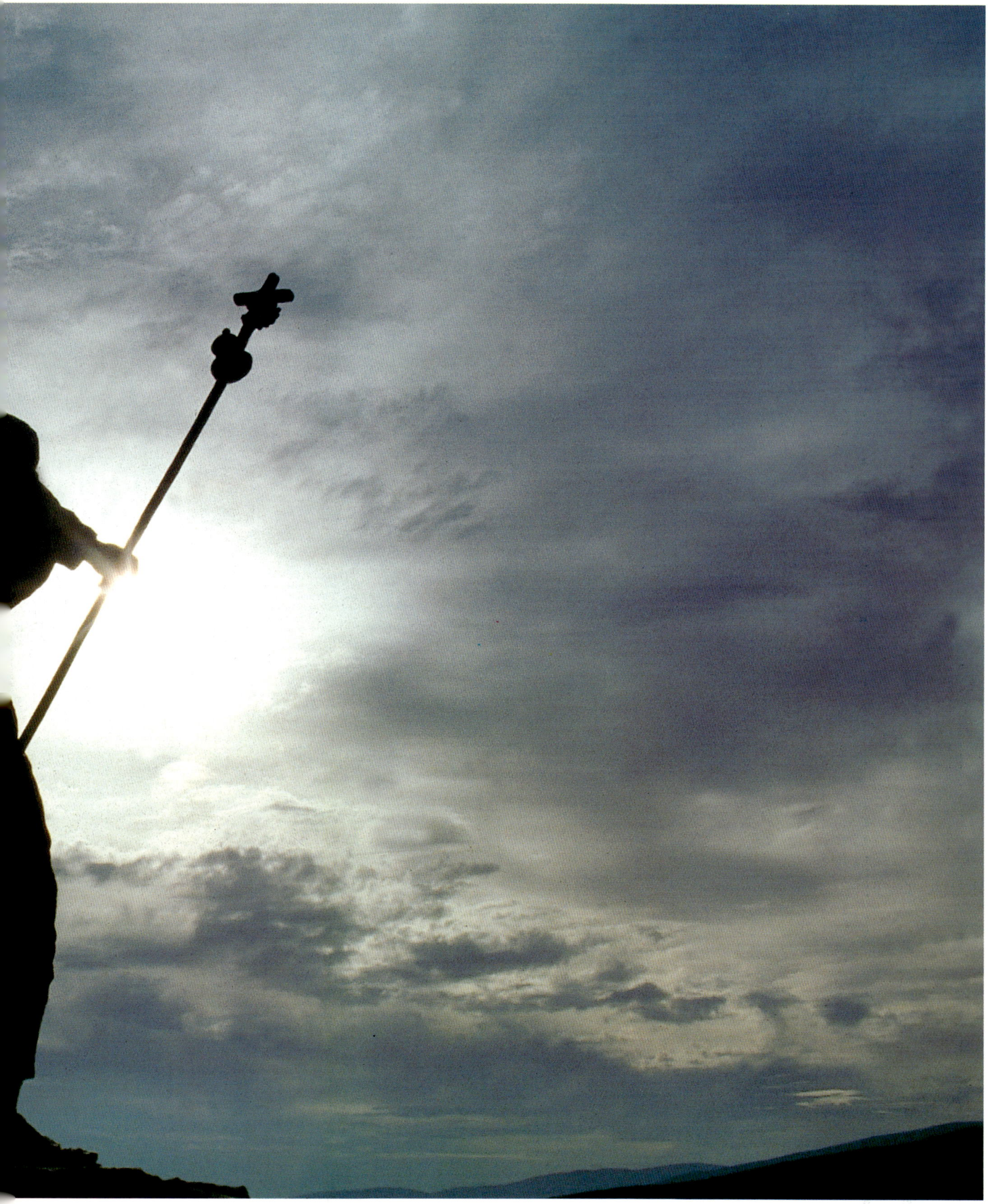

Las notas a partir de las cuales se escribió este texto corresponden a un viaje realizado en el verano de 1998.

Durante esos días me ocurrieron toda clase de contratiempos familiares, domésticos y técnicos, desde enfermedades ajenas y propias a operaciones en personas cercanas, desde compromisos inesperados a averías del procesador de textos, desvanecimientos de mensajes por correo electrónico o vaciamientos de esos mensajes. Aunque no tenía mucho tiempo para parar a pensarlo y además me resistí a ello, al final acabé por interpretar todo ello como ataques y obstáculos sistemáticos para que no escribiese el libro. Como si el Camino no quisiese que se hablase de él en estos términos. El Camino de Santiago, ese antediluviano y largo dragón de tremendo estómago, nos pide respeto y nos lo pone. En adelante, mejor callar lo que conozcamos.

El mismo día en que finalmente el autor consiguió acabar el texto recibió un regalo que interpretó como absolución y conciliación: su madre, apiadada por los incidentes que se sucedieron esos días sin razón aparente, le envió una tarta de Santiago, la Cruz bien recortada sobre el fondo de azúcar molido blanco.

205

Índice

A Faba 134
Alfonso II el Casto 153
Alfonso VI 104
Alfonso X 104
Alto de San Roque 142
Alto del Perdón 31
Alto do Poio 143
Antiguo Hospital del Rey (Burgos) 92
Arzúa 179, 182
Astorga 66, 119
Balsa 149
Barrio de Concheiros (Santiago) 189
Becerreá 147
Boadilla del Camino 95
Burgos 90-92
Burguete/Auritzberri 28
Cabanillas, Ramón 150
Cacabelos 129
Calzadilla de la Cueza 110
Capilla de San Amaro (Burgos) 92
Capilla de San Marcos (monte do Gozo) 185
Capilla de San Nicolás 94
Capilla de Santiago (Cruz de Ferro) 126
Cardenal Ratzinger 92
Carlomagno 22
Carrión de los Condes 106-109
Castrillo de los Polvazares 122
Castrillo de Matajudíos 93
Castrojeriz 93
Castromaior 166
Catedral de Burgos 90-92
Catedral de Jaca 32-35
Catedral de León 114

Catedral de Pamplona 30-31
Catedral de Santiago de Compostela 190, 192
Cervantes 142
Clavijo 59, 61
Coelho, Paulo 27, 44, 145
Convento de Samos 150
Cruz de Ferro 124
Cruz dos Farrapos (Santiago) 190
El Bierzo 122, 129
Erik el Belga 47
Ermita de Valdefuentes 79
Escrivá de Balaguer 74-75, 102
Estella 48, 52, 53
Fernández, Gregorio 153
Ferreiros 158
Fisterra/Finisterre 44, 72, 159, 161
Foncebadón 124
Foz del Lumbier 38
Franco, Francisco 64
Fray Luis de Granada 153
Frómista 94, 96-97, 123
Hospital da Condesa 143
Hostal de los Reyes Católicos (Santiago) 191
Hostal de San Marcos (León) 116
Iglesia de Eunate 46-48
Iglesia de la Virgen de la Calle (Redecilla) 77
Iglesia de la Virgen del Camino 116
Iglesia de las Ánimas (Santiago) 190
Iglesia de San Juan de la Peña 86, 116
Iglesia de San Martín de Frómista 96, 97
Iglesia de San Pedro (Frómista) 96

Iglesia de San Pedro de Rúa (Estella) 50
Iglesia de San Salvador (Sarria) 153
Iglesia de Santa Ana (León) 112
Iglesia de Santa María (Melide) 174
Iglesia de Santa María de O Cebreiro 138-142
Iglesia de Santa María la Blanca (Villasirga) 102-106, 128, 134
Iglesia de Santa María la Real (Sangüesa) 38
Iglesia de Santiago (Carrión de los Condes) 106-107
Iglesia de Santiago (Logroño) 58-59
Iglesia de Santiago (Sangüesa) 38
Iglesia de Santiago (Vilafranca) 129
Iglesia de Santiago de Barbadelo 155-156
Iglesia del Salvador (Vilar de Donas) 168-1169
Iglesia del Santo Sepulcro (Estella) 48
Iglesia del Santo Sepulcro (Torres del Río) 54-57
Iglesia y fortaleza de San Nicolás (Portomarín) 159
Irache 53-54
Irún 31
Itzandeguia, antiguo hospital de peregrinos 27
Jaca 32, 35
Juan Pablo II 91, 185
Lagua de Castilla 134
Le Puy 21, 142
Leboreiro 172
Ledigos 110

León 112-116, 122, 188
Logroño 58, 59
Lugo 143
Maestro Mateo 34
Manjarín 127
Mansilla 111-112
Marqués de Santillana 107
Mauricio, obispo de Coimbra 59
Melide 58, 172-176
Mendizábal 73-74
Molinaseca 128
Monasterio de San Juan de la Peña 35-37
Monasterio de Santa María la Real (Nájera) 61
Monasterio de Suso 72-73
Monasterio de Yuso 74
Monasterios de San Millán 72
Monte do Gozo 104, 185-189
Monte Teleno 123, 126
Nájera 61, 65, 69, 110
O Cebreiro 132, 138-142
O Courel 142
Obispo Ximénez de Rada 104
Padre Feijoo 132, 150
Padre Sarmiento 132
Palacio de Exposiciones y Congresos (Santiago) 189
Palacio de Gelmírez (Santiago) 191
Palacio de los Reyes de Navarra (Estella) 50
Palas de Rei 170-172
Palencia 87, 94, 101
Pamplona 30, 133, 143, 161

Pereje 133
Plaza del Obradoiro (Santiago) 60, 87, 190, 191
Ponferrada 58, 96, 116, 128, 129
Porta do Camiño (Santiago) 190
Portal de Francia (Pamplona) 30
Pórtico de la Gloria (Santiago) 69, 195
Portomarín 159, 161, 168
Puente de Furelos 173
Puente de la Magdalena 30
Puente de Itero 94
Puente de Órbigo 118
Puente la Reina 31, 43-46
Puerta de Platerías (Santiago) 190, 192, 193
Puerta Santa (Santiago) 106, 129, 190
Puerto de Ibañeta 22
Quiroga de Courel 142
Rabanal del Camino 123-126, 128
Redecilla del Camino 77
Ribadiso 171, 177
Roldán 22
Roncesvalles 31, 32, 53, 66, 111
Rúa de San Pedro (Santiago) 189, 190
Ruta de Napoleón 22

Sahagún 110, 111
Saint Jean Pied de Port 19, 21, 26, 132
Salomón 47
Samos 149, 150-153, 158
San Isidoro de León 114
San Juan de Ortega 77, 82-84
Sangüesa 32, 38
Santa Cristina de Somoza 123
Santiago de Peñalba 126
Santiago de Barbadelo 155-156
Santiago de Compostela 182-200
Santo Domingo de la Calzada 74-76
Santo Tomás de Aquino 155
Sara Montiel 150
Sarria 149, 153, 159
Scott, Walter 90
Somport 19, 31, 32, 66, 161
Torres del Río 54, 128
Triacastela 146, 149
Valle del Silencio 126
Veiga de Valcárcel 133
Viana 57
Vilafranca 129, 132
Vilar de Donas 168, 170
Villalcázar de Sirga/Villasirga 102, 109

Este libro se acabó de imprimir
en los talleres Ibérica Graphic
(Madrid), en noviembre de 1998.

43